實戰智慧館 362 李仁芳 策劃

真希望我20歲就懂的事

史丹佛大學的創新×創意×創業震撼課程

What I Wish I Knew When I Was 20：
A Crash Course on Making Your Place in the World

by
Tina Seelig

婷娜・希莉格 著

齊若蘭 譯

實戰智慧館 362

真希望我20歲就懂的事

史丹佛大學的創新×創意×創業震撼課程

作　　者——婷娜・希莉格（Tina Seelig）
譯　　者——齊若蘭
封面、內頁設計——丘銳致
責任編輯——王心瑩、陳懿文
主　　編——林麗雪
財經企管叢書總編輯——吳程遠
策　　劃——李仁芳博士
發 行 人——王榮文
出版發行——遠流出版事業股份有限公司
臺北市 100 南昌路二段 81 號 6 樓
郵撥：0189456-1
電話：2392-6899　傳眞：2392-6658
著作權顧問——蕭雄淋律師
法律顧問——董安丹律師
排　　版——極翔企業有限公司

2009 年 9 月 10 日　初版一刷
2009 年10月 1 日　初版二刷
行政院新聞局局版臺業字第 1295 號

新台幣售價 280 元（缺頁或破損的書，請寄回更換）

ISBN：978-957-32-6517-7

YLib 遠流博識網
http：//www.ylib.com　E-mail：ylib@ylib.com
http://www.ylib.com /ymba　E-mail: ymba@ylib.com

《實戰智慧館》

出版緣起

王榮文

在此時此地推出《實戰智慧館》，基於下列兩個重要理由：其一，臺灣社會經濟發展已到達了面對現實強烈競爭時，迫切渴求實際指導知識的階段，以尋求贏的策略；其二，我們的商業活動，也已從國內競爭的基礎擴大到國際競爭的新領域，數十年來，歷經大大小小商戰，積存了點點滴滴的實戰經驗，也確實到了整理彙編的時刻，把這些智慧留下來，以求未來面對更嚴酷的挑戰時，能有所憑藉與突破。

我們特別強調「實戰」，因爲我們認爲唯有在面對競爭對手強而有力的挑戰與壓力之下，爲了求生、求勝而擬定的種種決策和執行過程，最值得我們珍惜。經驗來自每一場硬仗，所有的勝利成果，都是靠著參與者小心翼翼、步步爲營而得到的。我們現在與未來最需要的是腳踏實地的「行動家」，而不是缺乏實際商場作戰經驗、徒憑理想的「空想家」。

我們重視「智慧」。「智慧」是衝破難局、克敵致勝的關鍵所在。在實戰中，若缺乏智慧的導引，只恃暴虎馮河之勇，與莽夫有什麼不一樣？翻開行銷史上赫赫戰役，都是以智取勝，才能建立起榮耀的殿堂。孫子兵法云：「兵者，詭道也。」意思也明指在競爭場上，智慧的重要性與不可取代性。

《實戰智慧館》的基本精神就是提供實戰經驗，啓發經營智慧。每本書都以人人可以懂的文字語言，綜述整理，爲未來建立「中國式管理」，鋪設牢固的基礎。

遠流出版公司《實戰智慧館》將繼續選擇優良讀物呈獻給國人。一方面請專人蒐集歐、美、日最新有關這類書籍譯介出版；另一方面，約聘專家學者對國人累積的經驗智慧，作深入的整編與研究。我們希望這兩條源流並行不悖，前者汲取先進國家的智慧，作爲他山之石；後者則是強固我們經營根本的唯一門徑。今天不做，明天會後悔的事，就必須立即去做。臺灣經濟的前途，或亦繫於有心人士，一起來參與譯介或撰述，集涓滴成洪流，爲明日臺灣的繁榮共同奮鬥。

這套叢書的前五十三種，我們請到周浩正先生主持，他爲叢書開拓了可觀的視野，奠定了紮實的基礎；從第五十四種起，由蘇拾平先生主編，由於他有在傳播媒體工作的經驗，更豐實了叢書的內容；自第一一六種起，由鄭書慧先生接手主編，他個人在實務工作上有豐富的操作經驗；自第一三九種起，由政大科管所教授李仁芳博士擔任策劃，希望借重他在學界、企業界及出版界的長期工作心得，能爲叢書的未來，繼續開創「前瞻」、「深廣」與「務實」的遠景。

《實戰智慧館》

策劃者的話

企業人一向是社經變局的敏銳嗅覺者，更是最踏實的務實主義者。

九〇年代，意識形態的對抗雖然過去，產業戰爭的時代卻正方興未艾。

九〇年代的世界是霸權顛覆、典範轉移的年代：政治上蘇聯解體；經濟上，通用汽車（GM）、IBM虧損累累——昔日帝國威勢不再，風華盡失。

九〇年代的台灣是價值重估、資源重分配的年代：政治上，當年的嫡系一夕之間變偏房；經濟上，「大陸中國」即將成爲「海洋台灣」勃興「鉅型跨國工業公司（Giant Multinational Industrial Corporations）的關鍵槓桿因素。「大陸因子」正在改變企業集團掌控資源能力的排序——五年之內，台灣大企業的排名勢將出現嶄新次序。

企業人（追求筆直上昇精神的企業人！）如何在亂世（政治）與亂市（經濟）中求生？

外在環境一片驚濤駭浪，如果未能抓準新世界的砥柱南針，在舊世界獲利最多者，在新世界將受傷最大。

亂世浮生中，如果能堅守正確的安身立命之道，在舊世界身處權勢邊陲弱勢者，在新

李仁芳

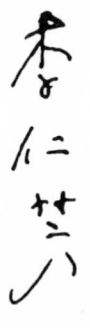

世界將掌控權勢舞台新中央。

《實戰智慧館》所提出的視野與觀點，綜合來看，盼望可以讓台灣、香港、大陸，乃至全球華人經濟圈的企業人，能夠在亂世中智珠在握、回歸基本，不致目眩神迷，在企業生涯與個人前程規劃中，亂了章法。

四十年篳路藍縷，八百億美元出口創匯的產業台灣（Corporate Taiwan）經驗，需要從產業史的角度記錄、分析，讓台灣產業有史爲鑑，以通古今之變，俾能鑑往知來。

《實戰智慧館》將註記環境今昔之變，詮釋組織興衰之理。加緊台灣產業史、企業史的紀錄與分析工作。從本土產業、企業發展經驗中，提煉台灣自己的組織語彙與管理思想典範。切實協助台灣產業能有史爲鑑，知興亡、知得失，並進而提升台灣乃至華人經濟圈的生產力。

我們深深確信，植根於本土經驗的經營實戰智慧是絕對無可替代的。另一方面，我們也要留心蒐集、篩選歐美日等產業先進國家，與全球產業競局的著名商戰戰役，與領軍作戰企業執行首長深具啓發性的動人事蹟，加上本叢書譯介出版，俾益我們的企業人汲取其實戰智慧，作爲自我攻錯的他山之石。

追求筆直上昇精神的企業人！無論在舊世界中，你的地位與勝負如何，在舊典範大滅絕、新秩序大勃興的九〇年代，《實戰智慧館》會是你個人前程與事業生涯規劃中極具座標參考作用的羅盤，也將是每個企業人往二十一世紀新世界的探險旅程中，協助你抓準航向，亂中求勝的正確新地圖。

【策劃者簡介】

李仁芳教授，一九五一年出生於台北新莊。曾任政治大學科技管理研究所所長，輔仁大學管理學研究所所長，企管系主任，現為政大科技管理研究所教授，主授「創新管理」與「組織理論」，並擔任行政院國家發展基金創業投資審議會審議委員，交銀第一創投股份有限公司董事，經濟部工業局創意生活產業計畫共同召集人，中華民國科技管理學會理事，學學文化創意基金會董事，文化創意產業協會理事，陳茂榜工商發展基金會董事。近年研究工作重點在台灣產業史的記錄與分析。著有《管理心靈》、《7-ELEVEN統一超商縱橫台灣》等書。

【專文導讀】

我是可以改變的！

曾志朗（中央研究院院士）

我高中在高雄讀書，算是個比較皮的學生，因為來自山裡的鄉鎮，放縱不羈，一直不很習慣城市裡的規矩，到了週末，更是坐立不安，絕對不會和其他同學一樣乖乖在家裡做功課拚聯考，總是一大早就騎腳踏車出門和幾個一樣野的同學，到西子灣最遠，海水最深，最沒有其他大人出現的地點游泳，累了就躺在沙灘上，舒舒服服望著天上的藍天白雲。沙灘上可做的事不多，有同學在近水的沙上隨意寫字、畫圖，也有的同學一時興起在沙上演練幾何證明題，苦思半天，時間一到，海水一沖，不見了，再來！我坐在一旁看著，隱隱感覺到，同學的解題能力好像一次比一次好一些了。是因為清新的空氣，因為遠離市囂的喧囂，心靈空明沉靜，人變得聰明了？還是因為海水把錯誤的演算沖走了，讓解題者沒有舊包袱，而重新「放腦一搏」？

我那時候往往等不及浪潮湧上岸邊，手裡提著一桶水，嚷嚷著「水板擦」來了，立刻就把水潑過去，水流量不均勻，在沙灘上造成不同的渠道，有的深，有的淺。我很著迷的再挑一桶水沖，再沖，又沖，結果淺的渠道不見了，深的渠道更深了，而且水都往這深的渠道走，漸漸形成小水溝。看到那樣情景，我自己是有些震撼的，我好像因此悟懂了一些道理：同樣的事學習越多，基礎會越穩固，但副作用卻是越來越走不出那固有的渠道了。「熟」如果不能「淨空」，只能重複舊有的習慣、動作或思想，是不可能生巧，更不可能有新意的！

幾十年來，我在學術研究上的主題，其實都著重在探討人類認知系統的結構與功能，以及其運作的流程和彈性。我發現西子灣海灘上的比喻，一直是我所想釐清的認知運作的寫照。長期記憶裡的內容組織越緊密，越不會忘記，但越不會忘記，就越不可能有創意，所以反組合（Disorganization）可能才是創造力訓練的主要途徑。

政府的組織與運作也有異曲同工之處！組織越好，效能增加，但公務人員就很容易安於現狀，只在回應問題，而沒有主動出擊的想像力了，如果外在環境沒有競爭的壓力，則整個公務系統應付一般事務得心應手，但對突發事件的應變能力，就會捉襟見肘，提不出新的遠景了。新加坡的公務運作一向被稱道，但近年來在提升未來全球競爭力的壓力之下，創造力教育成為全國施政的重點，甚至不惜改變舊有的價值概念（開放賭場），更重金禮聘各領域曾經展現過創造力的大師們，齊來營造培育創造力的文化環境！

台灣的學術界也一直陷在「當局者迷」的框框裡，大家口說手寫都強調跨領域研究的重要，但國科會推出多少整合研究案，多數以組合案結案！大學院校內的整併困難重重，眾所皆知；校際整併更是難如上青天，說是因為各校的「文化」不同，但其實是本位主義作祟。

更明顯的另一個例子，是文化創意產業這個新興的整合大業，多年來的推動窒礙難行，文化界說不懂產業運作，產業界說不懂文化人的思維方式，而連結兩方的創意橋梁卻從來沒出現過，各方都指責成效不佳，都說提出的構想很「不好」，很「沒有用」！

婷娜．希莉格的這本書對所有這些「本位」、「保守」、「安分」的心態，應該有所啟發：創造力是可以被教育出來的，只要在教育的歷程上把握一些原則（十大原則也只是原則），加上好的老師有能力跟心態去引導挑戰！

當然，培養自己的創意能力，常常就是要改變心態，不停練習把失敗的案子轉型，也許轉變後也不會成功，但至少把失敗的成因做了仔細檢視，然後針對每一個成因尋找替代方案。婷娜所提的這些原則，太多的勵志書都提過，但這本書敘述她的教學經驗，重點是學生們做了沒有？討論了沒有？提出新的「餿主意」沒有？是不是真的去執行？能不能去體驗由構思到執行的歷程？有沒有去比對別人推出的方案，然後由衷說出「啊哼！那個方法不錯！」的感覺？

我鼓勵二十歲的年輕人好好的閱讀這本書，不是去記憶那些故事，也不是去背誦那些原則，而是從中建立一個一生受用不盡的心態：自己是可以改變的！即使你不再二十歲，或過了兩個、三個二十歲，也不妨拿起這本書，仔細去體會婷娜所說的每一個故事。看完放下書，讓心靈澄淨，然後回顧自己一生的行事，你也許也會說：「我是可以改變的！」

我推薦這本書，還很希望所有人才培育的機構，包括學校的老師、企業界的研發長，管控公務員訓練的人事主管，都能以他山之石可攻錯的精神，把書中一再闡述的實作式腦力激盪模式，納入人才培育的教學裡。但我也不得不點出這本書美中不足之處，在眾多精采的「化腐朽為神奇」的過程中，幾乎看不到婷娜對社會倫理意識有所關照。舉個最明顯的例子，其中一個被稱讚的學生方案，基本上是「賣黃牛票」的提案，但婷娜卻未思及並引導學生思考：這個「創業」對於所有依法排隊買票的顧客是否公平？婷娜在鼓勵創意（創業）的教學裡，是否一再灌輸為了獲得最大效益，而可以不顧社會正義的隱藏性概念呢？當然，走出舊思維的框框是創新的要件，但在突破規範的同時，也不能忽略創業「文化」的養成呀！我在此提醒，並不是要提什麼「規範」！這是品味（taste）的問題，畢竟，創意哪能沒有品味！

【推薦1】

發揮創意，追尋人生大夢

吳靜吉（政治大學名譽教授）

二十歲是青年追尋人生大夢的關鍵期，但千里之行始於足下。希莉格以她領導史丹佛大學科技創業計畫、教授創造力與創新相關課程、同事和同行和學生的互動回饋、追尋幸福快樂生活所累積的人生智慧寫成此書，希望幫助她兒子和所有年輕人，在成人世界中找到自己最適當的位置以實踐夢想。至於走過二十歲以後的成人，不管是三十、四十、五十或六十歲，基於閱讀、聆聽別人的故事，或從自己的體驗中頓悟的智慧，大概都會「反事實思考」地說：「真希望這是我二十歲就懂的事！」

這本書適合各個年齡層希望尋找或重新界定自己、在所處的環境中快樂成長的人。《真希望我20歲就懂的事》闡釋十個原則，其核心觀念就是創造力，作者發揮她的個人創意和說故事的能力，書中充滿了動人的故事和激發創意的練習，從創意的發想、創新的執行談到創業的實踐，讓讀者一氣呵成地體會創造力的歷程。

【推薦2】

從「高識字率」轉型到「高創意率」的社會

姚仁祿（大小創意齋＋大小媒體創意長，東海大學建築系教授）

上世紀初期，培養國民的「識字能力」是基礎教育界最努力的目標，因為提高「識字率」，就是以國家之力，透過基層教育，培養較多具有表達與認知能力的人民。因此，「識字率」提高，等於國家競爭力提高。

「創意率」則代表一個國家具有「創意思考能力」人民的多寡，因此培養人民的「創意能力」，也將如同上世紀的識字能力一樣，成為本世紀初期基礎教育界提振國家競爭力的主要目標。

為何「創意率」多寡影響國力？

原因很明顯，上世紀末二十年，全球經濟已逐步轉型為知識型經濟，而知識型經濟的國家核心競爭力，便是人民能否以創意能力處理全球共有的知識，創造出差異化的文明與文化。因此，高的「創意率」就代表較高的國力。

可惜以華人社會的教育方式，提高「識字率」容易，提高「創意率」很難。原因何在？因為教育界與家庭都不懂「創意能力」怎麼教，因此長期以來，我們透過教育，把充滿創意的兒童心靈教成失去創意能力。

華人社會的基礎教育界習慣有答案的教學，也習慣以有標準答案的考題來測驗學生的能力。

識字能力以這種方法教學，當然很好，因為標準答案總會有的；然而，創意能力不能這麼教，因為創意能力的測驗，多數無法提供標準答案。

因此弄清楚以下幾個問題，對家長、老師與有志創意工作的讀者都非常重要：

一、「創意能力」究竟是什麼？

二、「創意能力」究竟能不能教？

三、「創意能力」究竟怎麼教？

四、如何分辨、量測學生的「創意能力」？

本書作者婷娜·希莉格以她在史丹佛大學實際從事創意教學的經驗，透過許多深具啟發性的真實故事，有效地提供了思考上述四個問題的方向。

對於「創意能力」的定義，作者的核心論述有二，也是我們社會不習慣的見解：

一、好的創意心靈，必須具有「接受模糊目標」與「勇敢經營無法預測的未來」之雙重能力。

二、好創意的基礎，一定來自「長期深入的思考」與「大量累積失敗」的過程。

至於「創意能力」的測驗，本書有許多好例子，例如發給學生紅色橡皮筋，請學生限時實作，盡可能發揮這樣東西的最高價值；學生受到鼓勵後，令人驚嘆的發想實例很值得我們思考與揣摩。

感謝遠流王榮文發行人介紹我《真希望我20歲就懂的事》這本好書，我在兩天忙碌行程的夾縫中，從第一頁到最後一頁，用心讀完。感謝本書的出版，讓我更篤定地擁抱我近幾年的創意信念：「偉大的創意，都要丟掉地圖，勇敢的航向未知。」

【推薦3】

現在開始做也不遲！

黑幼龍（卡內基訓練®負責人）

我們每個人都有一些但願年輕的時候就知道的事。作者分享的十件事中，我願帶著一顆感恩的心來見證，它們真的都很實用，因為有些我真的很早以前就做到了；有些好像現在還可以開始做。

【推薦4】

創業教育的莫札特

溫肇東（政大科技管理研究所教授，創新與創造力中心主任）

當榮文兄邀請我為《真希望我20歲就懂的事》寫推薦文時，我馬上就答應了，因為作者希莉格在書中所講的內容，有許多也是我這幾年教學與研究的重點。我們擔任的角色也類似，教授創意、創業的課程，指導學生撰寫事業計畫書，在創業競賽中擔任業師與評審。但我必須承認，她的熱情與創意遠遠超越我曾做過的，在課程的設計及內容的安排上，尤其是給同學的多元創意啟發，她都能夠如此就地取材、即興的提點，這可能和她的背景及所處的環境在矽谷有關。

我認為本書最重要的主旨是：熱情不只是年輕人的本錢，對一件事情專注付出，日有所思、夜有所夢，這是對愛情、學問、事業卓越成功的發動機。年輕人應提早認識個人對人生「最終極的關懷」，認真做你所愛，然後讓它變得有價值；認真是一定要，但又要能跳出框框，才會讓你有洞察力，發揮見人所未見的創意。金融海嘯帶來的世代交替，使年輕人要更早準備接棒，未來是屬於年輕人的。

這本書源自作者想跟她的小孩分享一些經驗與心得，我和我的小孩比一般台灣的父子間算是有較多的溝通與分享，我也曾試著要傳遞一些我認為他在二十歲前後應該知道的事，但我承認本書作者提供的案例更為生活化，所點出的重點更為精準。

我對矽谷新興科技創業聖地的搖籃史丹佛大學並不陌生，其實我今年才推薦了一位台灣電機系的博士後研究員到史丹佛的「醫療產品設計人才」培訓課程。政大科管所曾在二〇〇〇年拜訪史丹佛的創業中心，二〇〇七年也拜訪了他們的「Media X」計畫。

政大科管所從創所第一年就邀請吳靜吉老師開設「創造力思考」的課，我時常和吳老師在檢討，科管所的學生是否因此真的較有創意？後來我們發現，誠如作者在第二章最後所說的：他們變得較有自信，能將周遭的問題轉化為機會。

史丹佛不只是科技產業創業的搖籃，在「社會創新」方面，史丹佛也是領先的學校之一，甚至已有學術期刊。「社會創新」所需的利害關係人、交換機制、情境、機會（People, Deal, Context, Opportunity, PDCO）模式和營利事業並無太大差別，只是所創造的社會價值應比經濟價值大，其實在未來等待的人才也強調「意義勝於賺錢」。

在過去幾年內，雖然我因「時代基金會」的關係，和麻省理工學院（MIT）的創業中心及「MIT 100K」創業競賽有較多的互動，不過回想起來和史丹佛的互動也不少。記得由史丹佛大學與德州奧斯丁大學等發起的「創業教育圓桌會議」（Roundtable of Entrepreneurship Education, REE）在二〇〇三年到新加坡舉辦第一屆「亞洲創業教育圓桌會議」，我也曾前往參加，當時就已聽過本書作者希莉格有關「史丹佛科技創業計畫」（Stanford Technology Venture Program, STVP）的演講。

雖然史丹佛處於高科技創業的聖地，但作者希莉格在書中所舉的例子並不完全是科技產業的創新，更多是一般的態度，她提出的創新個案從迴紋針到太陽馬戲團都有，因此本書除了可以給二十歲前後的大學生及早打通任督二脈，也適合所有教授創意、創新與創業的老師，更適合不同年紀想要創新與創業的人。

【推薦5】

史丹佛教你打破框架，把問題變機會！

戴勝益（王品集團董事長）

世界上有兩件事是沒有極限的，一是宇宙，另一是創意。

你的創意有多大，世界就有多寬廣！

任何天馬行空的馳想，不著邊際的作夢，無拘無束的神遊，都是啟迪創意的最佳方法。

創意可以讓你打破框架、深入思考、挑戰困難，把最頭痛的難題，變成最好的機會。

不管你現在是幾歲，閱讀《真希望我20歲就懂的事》這本書，都能讓你的創意無限延伸，讓生命增添最多的驚奇！

【推薦6】

儲備迎向未來的關鍵能力

鍾蔚文（政治大學傳播學院院長）

有三種人應該讀《真希望我20歲就懂的事》這本書。

所有要進入社會的人應該讀，因為這本書談的是：在真實世界裡必須具備哪些觀念和能力，才能生存和發展。例如：

有些吸引人的概念往往阻礙進步

要獎勵失敗

規則是用來打破的

人生難以規畫

擁抱問題

所有要走向未來的人也該讀。這本書談創新、談擁抱不確定，其實談的是：如何因應高度不確定的未來。

最後，所有老師都應該讀，因為這本書談的是：為了帶領學生迎向未來，學校應該教卻多半沒有教的一些事。

目錄

如果你手上只有五美元的種子基金和兩小時的時間，你要如何賺到錢？我在史丹佛大學上課時，給學生出了這樣一個作業，鼓勵他們充分發揮創業精神，挑戰假設，利用有限的資源以小搏大。

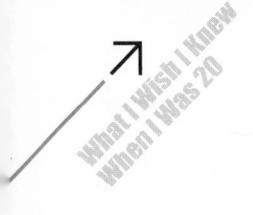

目錄

獻給喬許，
二十歲生日快樂

感謝詞

四年前，小犬喬許快滿十六歲的時候，我突然想到，喬許兩年後就要上大學了，我想和他分享我回想當年離家讀大學和初出茅廬時，覺得應該懂的事情，我多麼希望當年曾經有人告訴我這些事。所以，我開始把一些事情列成清單，我把這張清單存放在電腦桌面上，每當想到其他應該學習的教訓，就把它添加到清單上。現在我認為若要在世界上找到自己的位置，這些事情都非常重要。

恰巧幾個月後，有人要我對一群參與史丹佛大學企業領導計畫的學生發表演說，我決定從我對人生的這些觀察和領悟中尋找演講題材。我把演講的題目訂為「真希望我二十歲就懂的事」，闡述我的想法時還穿插了一些有關創業家和創業思考的短片，進一步強化這些觀念。結果演講引起很大的共鳴，很快的，我開始應邀到世界各地發表類似的演說。熱烈的迴響令我大受鼓舞，我草擬了一份出書提案，但是由於忙著其他千百件事情，我從來沒有把提案寄出去給出版公司。

兩年後一天清晨，我從舊金山搭機到厄瓜多爾，在用過早餐後，我開始和鄰座的陶伯（Mark Tauber）聊天，他是舊金山 HarperOne 出版社的發行人，我們發現彼此在教育和出版方面有許多共同的興趣。一年後，我把創新大賽的網址傳給他，他帶了幾個同事到史丹佛來了解校園的現況。我們一起共進午餐的時候，HarperOne 的資深編輯威爾（Gideon Weil）建議，如果能把我們從課堂上得到的教訓寫成一本書，應該會很有趣。我告訴他，我已經針對這個題目寫了一份出書提案。好消息是，幾個星期以後，我就拿到了一份出書合約。挑戰在於，我只有四個月的時間寫書。

接下來六個星期我都要出差，再加上其他滿檔的行程，我需要藉助其他的資源和認識的幾乎每個人的幫助，才能完成這個計畫。我非常感激在這麼短的時間內幫助我實現計畫的所有人。他們慷慨大度地與我分享成功和失敗的經驗，還有他們的失望，以及從中學到的教訓。他們給我很多鼓勵和建議，也提供了許多鼓舞人心的故事。

感謝詞

首先，感謝向我訴說他們的人生故事和事業發展，和我分享他們從中得到洞見的朋友，包括：比納塔（Lisa Benatar）、布姆卡爾（Soujanya Bhumkar）、Steve Blank、布里格斯（Teresa Briggs）、Peggy Burke、拜爾斯（Tom Byers）、考德伍得（Dana Calderwood）、克里斯騰森（Stan Christensen）、庫克（Sandra Cook）、迪爾林（Michael Dearing）、朵喜（Ashwini Doshi）、鄧恩（Debra Dunn）、Alistair Fee、佛爾（Nathan Furr）、Steve Garrity、賈思（Linda Gass）、霍金斯（Jeff Hawkins）、John Hennessy、瓊斯三世（Quincy Jones III）、Jeanne Kahwajy、蓋伊・川崎（Guy Kawasaki）、克勒巴恩（Perry Klebahn）、高米沙（Randy Komisar）、李忠文（Chong-Moon Lee）、曼德寶（Fern Mandelbaum）、麥西思（Karen Matthys）、Kevin McSpadden、李（Tricia Lee）、布雷克・諾斯壯（Blake Nordstrom）、艾瑞克・諾斯壯（Erik Nordstrom）、科乃爾（Elisabeth Pate Cornell）、浦朗墨（Jim Plummer）、藍森（Bruce Ransom）、羅斯（Bernie Roth）、羅森堡（Mike Rothenberg）、羅斯可夫（David Rothkopf）、羅騰堡（Linda Rottenberg）、史瓦札佩（Josh Schwarzapel）、傑瑞・希莉格（Jerry Seelig）、賽伯特（Jeff Seibert）、

Carla Shatz、史蒂格布（John Stiggelbout）、維格諾羅（Carlos Vignolo）、王權（Quyen Vuong）和約克（Paul Yock）。

也要感謝眾多曾經來史丹佛分享經驗，深具創業精神的企業界領導人，我從史丹佛科技創業計畫（STVP, Stanford Technology Ventures Program）創業網站汲取了下列演講人提供的經驗：巴爾茲（Carol Bartz）、伊姆仁（Mir Imran）、傑魏特森（Steve Jurvetson）、凱利（David Kelley）、科斯拉（Vinod Khosla）、梅爾（Marissa Mayer）、尼爾曼（David Neeleman）、佩吉（Larry Page）和潘奇納（Gil Penchina）。我也引用了賈伯斯二〇〇五年在史丹佛畢業典禮上那場精采的演講內容。

我在史丹佛科技創業計畫和工學院的好同事對於本書有相當大的貢獻。他們介紹我認識許多有趣的人，接觸到許多有趣的機會，豐富了我的人生。首先，我要感謝拜爾斯在十年前邀請我和他一起工作，拜爾斯一直是我的好榜樣、好同事和好朋友。其次，我要感謝幾位了不起的同事：葛里克（Forrest Glick）、Theresa Lina Stevens 和蘇頓（Bob Sutton），他們為本書提供了寶貴的指引。還要感謝 Laura Breyfogle、Kathy Eisenhardt、Riitta Katila、Tom Kosnik，科乃爾和浦朗墨讓史丹佛工學院變成這麼棒的工作環境。最後，我要特別感謝STVP的贊助者，由於他們的慷慨贊助，我們才能好好教育下一代的創業家。

我要藉此向在史丹佛哈索普萊特納設計學院的同事表達敬意，尤其感謝巴瑞（Michael Barry）、Charlotte Burgess Auburn、Liz Gerber、Uri Geva、Julian Gorodsky、Nicole Kahn、David Kelly、George Kembel、帕帖爾（Jim Patell）、羅斯（Bernie Roth）和 Terry Winograd。

我也要感謝所有的學生，包括梅費爾德計畫、醫療產品設計人才課程、設計學院的新生訓練和暑期班學生，以及所有曾選修我的創造力和創新課程的學生。我在教導他們時，充分享受到工作的樂趣。他們展現出來的創業精神不斷超越我的期望。

還有好幾位在本書發展的不同階段曾經閱讀書稿，並提供寶貴的建議，包括巴羅（James Barlow）、Sylvine Beller、Peggy Burke、Katherine Emery、Carol Eastman、Gregg Garmisa、葛林柏格（Jonah Greenberg）、Boris Logvinskiy、麥德森（Patricia Ryan Madson）、Juliet Rothenberg、傑瑞・希莉格、Lorraine Seelig、Robert Seelig、Anand Subramani。他們的評論和建議對於本書有很大的影響。

即使得到如此多的啟發和鼓勵，如果沒有 HarperOne 資深編輯威爾的指引，本書不可能面世。威爾是個了不起的教練、出色的老師和很棒的編輯，每次和他談話，我都學到很多，因此我總是期盼接到他的電話。此外也要感謝 Lisa Zuniga 費心編輯本書，她和我密切合作，在極短時間內確認不會因為她做文句的潤飾而遺漏故事的重要細節。還要特別感謝陶伯在多年前那次長途飛行旅程中和我結為好友。這個故事是很好的提醒，告訴我們當你開始和別人攀談時，你永遠不知道接下來可能發生什麼事。

就個人而言，我要大聲說出對父母的感激。他們讓我接受良好的教育，在我的一生中一直扮演好榜樣和好老師的角色。除此之外，外子 Michael Tennefoss 在我撰寫本書的過程中，一直扮演好夥伴和重要顧問的角色。每當我寫完一章、唸給他聽時，不管當時是幾點鐘，他總是仔細聆聽，他是本書草稿的第一個編輯，在過程中一直坦率地提供許多寶貴的意見。我永遠都感激他有用的建議、無條件的支持和不斷的鼓勵。

最後，我要謝謝喬許給我的靈感，讓我寫下自己希望在他那個年紀就明白的事情。過去四年中，喬許提供了許多他對於這些觀念的共鳴和深思熟慮後的意見，他的智慧不斷令我驚嘆不已。

本書也是我給喬許的二十歲生日禮物。生日快樂！

01

拍賣史丹佛學生

買一送二

如果你手上只有
五美元的種子基金和兩小時的時間，
你要如何賺到錢？
我在史丹佛大學上課時，
給學生出了這樣一個作業，
鼓勵他們充分發揮創業精神，
挑戰假設，利用有限的資源以小搏大。

如果你手上只有五塊錢美金和兩小時的時間，你要如何賺到錢？

我在史丹佛大學上課時，給班上學生出了這樣一個作業。我把班上同學分為十四組，每一組都拿到一個信封，裡面裝著五美元的「種子基金」。我告訴他們，他們可以盡情花時間做周詳的規畫，不過一旦打開信封、拿出鈔票，就必須在兩小時內設法賺到錢，愈多愈好。完成作業的時間是從星期三下午到星期日。到了星期日晚上，每一組都必須寄給我一張投影片，描述他們如何完成任務。然後到了星期一下午，每一組都有三分鐘的時間，向全班報告他們的做法。我鼓勵他們充分發揮創業精神，努力發現商機、挑戰假設，利用有限的資源以小搏大，盡情揮灑創意。

如果有人出了這樣一道難題給你，你會怎麼辦？

我問過很多團體這個問題，通常總是有人嚷嚷：「到賭場試試手氣！」或「立刻買一張樂透彩！」引起哄堂大笑。這些人願意冒大風險來換取賺大錢的微小機會。第二個常聽到的建議是，先用五塊錢購買必要的材料，然後幫人家洗車或擺攤賣冷飲。對於只想在兩小時內把錢花掉、然後多賺幾塊錢的人而言，這個主意還不錯。但是我的學生多半比一般人的典型反應往前多跨好幾步，他們很認真看待這個挑戰，質疑傳統假設，尋找各種可能的機會，盡可能為這五塊錢創造更高的價值。

如何達到四〇〇〇%的投資報酬率？

先給各位一點提示：賺到最多錢的小組根本連這五塊錢都沒有花掉。他們領悟到，一直把焦點放在錢上面，反而侷限了對問題的思考。他們明白，五塊錢根本沒什麼用，所以決定以更廣闊的角度重新詮釋問題：如果我們起步時根本一無所有，要怎麼樣賺到錢？他們發揮觀察力，各展所長，大膽釋放創意，一起找問題，包括親身經歷過或看到別人經歷過的問題，以及曾經觀察到卻從來不曾想去解決的問題。這些問題一直盤旋在他們腦海中，卻不一定是他們最關心的問題。最後，獲勝的團隊就藉由挖掘這些問題及設法解決問題賺進六百美元。各組投入的五美元資金平均報酬率高達四〇〇〇%！如果考慮到許多小組根本完全沒有動用到五美元的資金，那麼他們的投資報酬率其實是無限大。

他們到底做了哪些事情？

所有的團隊都非常有創意。有一個小組點出了許多大學城普遍遭遇的問題：每到星期六晚上，熱門餐廳門口往往大排長龍，很難等到位子。他們決定幫助不想花時間排隊等候的人，於是兩人一組，分頭向好幾家餐廳預訂座位。用餐時間快到時，再把訂位「賣」給不想在長長隊伍中排隊的人，每個位子最多可以賣到二十美元！

隨著夜幕漸漸低垂，他們觀察到幾個有趣的現象。第一，他們發現在推銷訂位時，女同學的表現比男同學好，或許是因為由女同學出面時，顧客會覺得比較自在。於是他們調整策略，由男同學四處奔走，在不同的餐廳預訂晚餐座位，女同學則負責向排隊的人推銷訂位。他們也發現，有些餐廳會發震動式傳呼機給等位子的人，餐廳把位子準備好時，會以震動傳呼機的方式通知顧客，結果同學們的作業在這類餐廳進行得最順暢。當你親手把先訂位的傳呼機交給顧客時，顧客會覺得花錢換回來的是實質的東西。他們付錢給你，以自己的傳呼機換取新的傳呼機，以縮短等候時間。這樣做還有額外的好處，那就是等到時間更晚一點，新換來的傳呼機訂位時間快到時，同學們又可以把它賣給更晚到的顧客，再賺一筆。

另外一個小組的做法更簡單。他們在學生活動中心前面擺了一個攤位，免費替學生檢查自行車輪胎的胎壓，如果輪胎需要充氣，才外加一美元的充氣費。起先他們以為這樣做好像在占同學便宜，因為大學生要到學校附近的加油站為自行車打氣並不困難。但是服務了幾位顧客之後，他們才明白，單車騎士非常感激他們。即使到加油站免費充氣其實不難，他們提供的服務仍然方便了顧客，因此非常有價值。事實上，兩小時的時間才過一半，他們就不再要求單車騎士付一塊錢充氣費，而是請他們自由捐贈，結果收入反而激增。當他們讓顧客自由酬謝他們提供的免費服務時，賺的錢反而比要求顧客付一定費用時還要多。

無論對這支團隊或靠餐廳訂位賺錢的小組而言，他們一路上不斷實驗，結果都得到豐碩的回報。他們根據顧客的反應，反覆調整自己的做法，即時發揮了策略的最高效益。

兩個小組的做法都為他們帶來幾百美元的收入，班上同學也讚嘆不已。不過，真正獲利最高的冠軍隊伍對於手上掌握的資源卻有截然不同的看法，他們最後賺了六百五十美元。這組學生認為，他們最寶貴的資產既非五美元的鈔票，也不是用來完成作業的兩小時，而是星期一在課堂上發表口頭報告的三分鐘時間。他們決定把這三分鐘賣給一家想到班上招募人才的公司。他們為那家公司製作了三分鐘的「廣告」，利用口頭報告的時間播放這支廣告。這個做法實在太聰明了。他們體認到，自己手上擁有一個珍貴無比的資產，正等待識貨者挖掘，而其他人根本沒有注意到這個寶物。

其他十一支團隊也都各自想出聰明的策略來賺錢，包括在史丹佛大學每年最盛大的維也納舞會上設置照相攤位、在家長日銷售標示了本地餐廳地圖和賣客製化的T恤給班上同學。有一個小組最後把錢賠光了，因為他們未雨綢繆，預先買了一批雨傘，準備下雨時在舊金山賣傘，結果傘才買了沒多久，天氣就開始放晴。沒錯，的確有一個小組經營洗車生意，還有另外一個小組擺冷飲攤，不過他們的回收都低於平均值。

十個迴紋針的妙用

我認為，就教導學生體會創業心態而言，「五美元的挑戰」是一次成功的嘗試。但事情過後，我卻感到些微不安，我不希望到頭來只傳達了這樣的觀念：價值通常都是透過財務報酬來衡量的。所以，下一次出題目給學生當作業時，我稍微修改了一下。這一回我沒有發五美元鈔票給各個小組，而是給他們一個信封，裡面裝了十個迴紋針。我告訴學生，接下來幾天，他們可以花四個小時盡量發揮十個迴紋針的最大「價值」，他們可以用任何自己希望的方式來衡量價值。

我的靈感來自於麥克當諾（Kyle MacDonald）的故事，他從一個紅色迴紋針開始，和別人以物易物，最後換回來一棟房子。他在部落格上徵求以物易物的對象，並且記錄整個過程。他花了一年的時間，一步步達到目標。他先用紅色迴紋針換了一枝魚形筆，然後用筆換門把，再用門把換回一個科曼牌（Coleman）戶外爐，以此類推。雖然物品的價值增長得很慢，但是經過一年的時間，換到的東西仍然愈來愈有價值，最後終於換到他夢想中的房子。想想看，他把一個小小迴紋針發揮了多大效益?!我覺得我發給學生十個迴紋針，實在太慷慨了。他們可以從星期四早上開始做作業，口頭報告時間則訂在接下來的星期二。

不過還不到星期六，我已經變得焦躁不安。也許這次玩得太過火了，我擔心作業會大大失敗，還準備要好好記取這次教訓。但結果我的擔憂完全是杞人憂天。班上學生共分為七個小組，每個小組都選擇以不同的方式來衡量「價值」。其中一個小組決定把迴紋針當成新貨幣，到處蒐集迴紋針。另外一組發現，當今世界紀錄中最長的迴紋針鏈超過三十五公里長，於是決定打破這項世界紀錄。他們召集了每個人的室友和朋友，向本地店家和企業推銷他們的計畫，最後上課時帶來了一長串全部串連在一起的迴紋針鏈，在地上堆積如山。顯然他們的挑戰計畫打動了眾多住宿的同學，甚至在作業完成以後，這群學生仍然致力於打破世界紀錄。（我很確定他們沒有打破世界紀錄，但這件事顯示了這組學生成功地激發出巨大的能量。）

史丹佛的創業與創新課程

最令人拍案叫絕的一組在課堂上播放了一支短片，背景音樂是刺耳的〈壞男孩〉（Bad Boy）這首歌，影片中可以看見他們用迴紋針挑開門鎖，闖入別人的寢室，偷竊了價值數萬美元的太陽眼鏡、手機和電腦。就在我嚇得快暈過去的時候，他們宣布這支片子純屬玩笑，然後播放了另外一支影片，顯示他們真正做了什麼事。他們拿迴紋

問題愈大，機會也愈大。沒有人會付錢請你解決不是問題的問題。

針換來一張海報板，然後在附近的購物中心擺攤，攤位上豎著一塊招牌，上面寫著：「**拍賣史丹佛學生：買一送二**」。顧客開出各種價碼，令他們目瞪口呆。起先是到商場購物的人請他們搬很重的購物袋，然後他們替服裝店把資源回收物搬到外面，最後還開了一次特別的腦力激盪會議，協助一位女士解決生意上的問題，得到的酬勞是三台她不再需要的電腦螢幕。

多年來，我一直出類似的作業給班上學生，發給他們的創業資本則不斷改變，從迴紋針到黃色的「利貼」（Post-it）貼紙、或橡皮筋、或水瓶。每一次學生利用有限的時間和資源達到的成就，都為我們彼此帶來很大的驚喜。比方說，學生利用一小包「利貼」做到的事情包括合作創作音樂、推廣心臟病相關知識、完成關於節能的公益廣告等。課堂上的練習後來演變成「創新大賽」，有來自世界各地的幾百支隊伍參與競賽。每一次，參賽選手都透過競賽，以新的眼光觀看世界，並從自家後院挖掘到嶄新的機會。他們挑戰傳統假設，無中生有，創造出龐大的價值。從「利貼」貼紙起步的那次競賽過程，後來還拍成影片，並發展成一部叫《想像一下！》（*Imagine It*）的紀錄片。

以上描述的練習突顯了好幾個反直覺的特點。第一，到處都充滿機會。無論在何時何地，你環顧四周，都可以找到很多需要解決的問題。有些是世俗的問題，例如訂到熱門餐廳的位子或替自行車輪胎打氣；有些則是和世界議題相關的大問題。昇陽電腦創辦人兼成功創投家科斯拉（Vinod Khosla）說得很清楚：「問題愈大，機會也愈大。沒有人會付錢請你解決不是問題的問題。」

第二，無論問題的規模多大，通常都可以想出有創意的方式，利用手邊既有資源來解決問題。事實上，我的很多同事就是如此定義創業精神：創業家隨時都在尋找可以轉變為機會的問題，並且以深具創意的方式，善用有限資源來達成目標。大多數人看到問題的時候，都視之為無法解決的問題，因此即使眼前就有創造性解決方案，他們仍然視而不見。

第三，我們通常把問題緊緊侷限在既定的框架中。面對簡單的挑戰時，例如在兩小時內賺到錢，大多數人都立刻以標準模式因應，而不會退後一步，以更宏觀的角度來看問題。其實只要拿掉眼罩，就能看到眼前的世界充滿各種機會。參與課堂練習的創業家隨時都在尋找可以轉變為機會的問題，並且以深具創意的方式，善用有限資源來達成目標。

學生把這個教訓謹記在心。許多人事後反省都表示，他們從此再也沒有任何藉口讓自己走上破產的困境，因為等待解決的問題俯拾都是。

這些作業後來發展成我在史丹佛大學教的一門創業與創新課程。這門課最重要的目標，是證明我們可以把所有的問題都看成創造性解決問題的機會。我最初把焦點放在個人的創造力，接著探討團隊創造力，最後開始研究大型組織的創造力和創新能力。我先給學生小小的挑戰，再慢慢丟一些比較困難的問題給他們。學生愈來愈習慣透過探索各種可能性的眼光來看待問題，並願意面對橫亙其中的一切困難。

培養T型人

我在史丹佛大學工學院主持史丹佛科技創業計畫（STVP）已經有十年時間，我們的使命是培養科學家和工程師的創業精神，提供他們必需的工具，讓他們無論扮演何種角色都能展現創業精神。我們和全世界愈來愈多的大學一樣，相信學生只接受純粹的技術教育已經不夠，他們如果想要成功，就必須了解無論在任何工作環境中、也無論在人生的任何層面，他們應該如何扮演富有創業精神的領導人。

STVP把焦點放在教學、學術研究，以及向世界各地的學生、教師和企業家推廣創業精神。我們努力培養「T型人」，T型人至少具備一個領域的深度知識，同時又對於創新和創業有廣博的知識，能和其他領域的專才合作無間、實現創意。從每天面對的小小挑戰，到需要全球共同關注和解決的重大危機，無論扮演什麼角色，解決問題的關鍵都在於他們所抱持的創業心態。事實上，創業精神有助於培養人生中許多重要的能力，包括領導力、團隊運作能力，以及談判、創新和決策能力等。

我也在史丹佛大學的哈索普萊特納設計學院（Hasso Plattner Institute of Design）教書，跨領域的課程網羅了來自工學院、醫學院、商學院和教育學院等不同領域的史丹佛教授。這個設計學院是由史丹佛機械工程教授大衛・凱利（David Kelley）所創設，他也是著名設計公司IDEO的創辦人，因為能設計出極端創新的產品和經驗而聞名。設計學院的所有課程都由至少兩個以上不同領域的教授負責講課，探討從設計奢侈品到規畫有感染力的行動、還有為行動尚稱靈敏的老人家設計產品等各種不同主題。身為設計學院的老師，當我們提出可能有各種答案的複雜問題、希望學生動腦

T型人都至少具備一個領域的深度知識，同時又對於創新和創業廣博的知識，能和其他領域的專才合作無間、實現創意。

解決時，我體驗到通力合作、腦力激盪和快速開發產品原型的興奮心情。

本書引用了史丹佛課堂上發生的故事，還有我過去作為科學家、創業家、管理顧問、教育者和寫作者所累積的經驗，我也納入了其他創業家、發明家、藝術家和學者的經驗。我很幸運地看到，周遭許多人曾經因為挑戰傳統假設而達到卓越的成就，而且他們很渴望和別人分享自己成功的故事和失敗的經驗。

現實人生是可以翻書的考試

本書呈現的許多構想，跟傳統教育體制教導我們的觀念可說是南轅北轍。事實上，學校採用的規則通常與外面世界的遊戲規則截然不同，當我們踏出校門、嘗試走自己的路時，現實社會與學校教育的落差往往帶給我們極大的壓力。要跨越這道鴻溝，克服現實世界的挑戰很不容易，但只要有適當的工具和正確的心態，依然有辦法做到。

學校通常會評估學生的個別表現，讓分數形成曲線分布。簡單地說，當某些學生贏的時候，其他學生就輸了。這種評分方式不但製造緊張，也不符合大多數組織的運作方式。踏出校門後，大多數人都會參與團隊運作，所有團隊成員有共同的目標，當一個人贏，其他所有人也都是贏家。事實上在企業界，大團隊中通常還有小團隊，每個階層的目標都是讓每個人成功。

然而在典型的教室中，教師認為自己的職責是把資訊灌輸到學生腦子裡。教室的大門緊閉，座位固定在地板上，學生面對著教師，小心翼翼地抄寫筆記，因為知道老師之後會考這些東西。他們的回家功課是閱讀老師指定的章節，悄悄把它吞進肚裡。但等到他們大學畢業、走出校門，卻開始面對截然不同的世界。你必須當自己的老師，你究竟需要知道什麼、到哪裡找資訊、如何吸收這些資訊，全都要靠自己。事實上，現實人生是一場可以敞開課本、盡情翻書的考試，當你面對和工作、家庭、朋友及整個世界相關的問題時，教室大門是敞開的，周遭有無窮的資源供你運用。智利大學著名教授維格諾羅（Carlos Vignolo）告訴我，他鼓勵學生選學校裡教得最爛的老師上的課，因為這樣可以幫助他們為現實人生做準備；在人生道路上，可沒有良師在前面當指路明燈。

失敗是人生學習過程中很重要的一課。
正如同演化是一連串嘗試和錯誤的實驗一樣，人生也不免偶爾跌跌撞撞。

除此之外，在學校裡上大班課時，考試時通常只考選擇題，每個問題都有正確答案，學生必須用二號鉛筆在答案卡上小心翼翼地把空格塗滿，讓老師容易批改。校園以外的世界則恰好相反，每個問題都有各種可能的答案，而且許多答案就某個程度而言都算正確答案。更重要的是，現實人生容許失敗。事實上，失敗是人生學習過程中很重要的一課。正如同演化是一連串嘗試和錯誤的實驗一樣，每個人在人生的跑道上也不免偶爾會偷跑或跌跌撞撞。成功的關鍵就在於你能否從經驗中記取教訓，帶著新知識重新出發，繼續前行。

對大多數人而言，現實世界和傳統教室大相逕庭，沒辦法靠答對一道題就得到明確的獎賞，而且面對無窮的選擇也令人無所適從。雖然家人、朋友和鄰居都很樂意提供意見，但最後選擇方向的重任仍然落在我們自己身上。但是應該曉得，我們不需要第一次就做對。在人生中，我們有很多機會做各種實驗，以各種令人訝異的新方式，重新組合我們的技能和熱情。

本書提出的概念顛覆了許多傳統觀念。我希望能挑戰你，讓你開始用新眼光來看自己、看世界。這些概念都簡單易懂，卻不見得憑直覺就能知曉。我把教學重心放在

考試不能失敗，而研究可以

創新和創業精神，我曾有第一手觀察，深知對於在動態環境中工作的人而言，「情勢瞬息萬變，必須懂得掌握機會，認清優先順序，從失敗中學習」，這些概念是多麼重要。此外，對於想要把生命的價值發揮得淋漓盡致的人而言，這些觀念也非常寶貴。

接下來幾章，我說的故事來自廣泛的來源，從初出茅廬的大學畢業生到經驗老到的專業人士都有。希望他們的經驗能引起你的共鳴，在你面臨人生各種抉擇時，得到一些洞見和啟發。基本上，本書的目的是幫助你在規畫未來時，能透過新的鏡片來觀看每天面對的種種困難，讓你勇於質疑傳統智慧，重新檢討周遭的各種規則。在人生的每個轉折點，總是會面對種種不確定，但當你看到其他人如何因應模稜兩可、曖昧不明的情況，你會變得更有自信，化緊張為興奮，將你面對的種種挑戰轉變為機會。

02 打造自己的太陽馬戲團

擁抱問題，打破框架

我播放電影《馬戲團》的片段，
請學生找出關於傳統馬戲團的種種假設：
大帳篷、動物表演、
便宜的票價、大聲叫賣、
爆米花、火圈……等。
接下來，
我要他們顛覆所有假設，
想像完全相反的情況。
結果就出現一種新型態的馬戲團：
太陽馬戲團。

為什麼在日常生活中，大多數人都不會把問題看成機會呢？為什麼前面提到的各組學生，非得等到老師出作業之後，才會努力超越自己的極限、發揮想像力呢？

基本上，從來沒有人教我們放開心胸、擁抱問題，我們學到的都是如何避免問題，或只學會埋怨問題。事實上，我曾經在某個研討會對企業主管演講的時候，播放了創新大賽影片的部分片段。那天下午，有一位企業執行長對我感嘆，他真希望可以重返校園，接受老師出的各種開放式問題的考驗，挑戰自己的創造力。我疑惑地看著他。我很清楚，他在現實生活中每天面對挑戰時，都能從創造性思考中獲益，可惜他不明白，創造性思考的觀念其實和日常生活及企業經營息息相關，他以為我的作業只能在可控制的學術環境中完成。當然，實際上完全不是這麼一回事，也不應該如此。

顛覆傳統假設：Palm Pilot 的故事

「態度」或許是決定我們成就高低的最重要因素。真正的創新者都能正視問題，顛覆傳統假設。霍金斯（Jeff Hawkins）就是很好的例子，他開發的 Palm Pilot 個人數位助理（PDA），徹底改變了一般人安排生活的方式。霍金斯最初希望發明一般人很容易上手的小型個人電腦，這是個偉大的目標，而在開發過程中，他面臨無數挑戰。身為創業家，他不斷面臨嚴重的問題，也不斷找出新方法來克服問題。

霍金斯從一開始就遭遇困難。Palm 公司推出的第一個產品 Zoomer 一敗塗地，但霍金斯並沒有被失敗擊倒，他打電話給購買 Zoomer 的顧客，也打電話給購買競爭產品（蘋果公司的 Newton）的顧客，詢問他們原本期望產品能發揮什麼效能。顧客表示，他們希望產品能夠整理複雜的行程表，幫助他們把好幾個行事曆整合成一份行事曆。霍金斯因此領悟，Zoomer 的競爭對手並非其他電腦產品，而是紙本行事曆。顧客的反應和他原本的假設大相逕庭，這為他設計下一代產品——非常暢銷的 Palm Pilot——提供了有用的資訊。

在開發過程中，霍金斯和他的團隊面臨一個困難的抉擇：如何讓使用者輸入資訊到袖珍型的新裝置中。他們克服了這個大問題：霍金斯認為除了配置一個小鍵盤之外，讓一般人能夠用筆輸入資訊、自然地使用產品也非常重要。但當時手寫文字的辨識技術還不夠好，所以霍金斯和他的團隊發明了一種新的書寫語言 Graffiti，讓電腦更容易辨識。公司內部有很多人反對使用新語言，不過霍金斯信心滿滿，他認為顧客會願意先花一點點時間來學習新語言，以便在未來節省很多時間。Graffiti 完全是個新發明，挑戰了所有的規則，但也解決了實際的問題。

霍金斯是問題解決者的最佳典範，他願意用新眼光來看世界。他的新公司 Numenta 把焦點放在他提出的大腦運作理論。霍金斯花了好幾年的時間自修神經科學，希望了解人類如何思考；他構思了一個令人興奮又極具說服力的理論，探討新大腦皮質如何處理資訊，並在著作《創智慧》（*On Intelligence*，中文版由遠流出版）說明了他的理論。有了這些理論，霍金斯決定以他的構想為基礎，打造出能像人腦一樣處理資訊、「更聰明」的電腦。當然，你可以說霍金斯原本就是與眾不同的奇才，不是每個人都有可能發展出革命性的理論和開創性的發明。然而更積極的心態是把霍金斯看成鼓舞人心的力量，他證明了我們只要願意從不同的角度來看問題，就可以解決問題。

何不把注意力放在每天周遭出現的各種機會上，充分利用這些機會呢？

小小橡皮圈的巨大威力

參與第二屆創新大賽的方案為我們揭開了部分謎題。在競賽中，參與者面對的挑戰是「必須為橡皮圈創造最大的價值」。其中一組想到用「行動手環」促使人們採取行動，完成自己老愛拖拖拉拉、遲遲不做的事情。行動手環是個聰明點子，靈感來自於現在很流行的橡皮手環，例如美國家喻戶曉的自行車選手阿姆斯壯（Lance Armstrong）的 Live Strong 黃色手環[1]。他們的行動手環有幾個基本使用原則：

◆把橡皮圈戴在手上，並承諾要完成某件事情。
◆完成之後，就把手環拿下來。
◆把你的成功事蹟記錄在行動手環網站上。每個行動手環都有一個號碼，你可以在網站上看到這個手環激發的所有行動。
◆把行動手環傳給其他人。

1 阿姆斯壯是環法自行車大賽七屆冠軍得主。他在一九九六年被診斷出罹患睪丸癌，經過兩次手術和三個月化療後走出鬼門關，復出參加比賽，並七度奪得環法大賽冠軍。他設計有 LIVESTRONG（堅強活下去）字樣的黃色手環，每個以一美元出售，為癌症基金會募款，激勵癌症患者。

行動手環激勵人們完成他們一直都想做的事情。雖然在現實生活中，行動手環不過是橡皮圈罷了，但有時候，只需要如橡皮圈這麼簡單的東西，就可以激勵人們採取實際的行動，在毫無作為和採取行動之間搭起橋梁。行動手環的計畫只持續了幾天，卻在短時間內激發了一連串的行動：有的人打電話給媽媽，有的人寄感謝函向別人表示感激，還有人展開新的運動計畫。有一位參與者把行動手環當做動力，舉辦了夏令營；另外一個人深受鼓舞，開始聯絡久無音訊的朋友；還有人開始捐錢給慈善機構。看到只需要一個小小的橡皮圈，就可以推動人們開始行動，真是太美妙了。這也是很好的提醒，告訴我們在「做」與「不做」之間，其實只有一個小小的開關，但是兩個選擇卻可以帶來截然不同的結果。

我曾借用類似的觀念給學生小小的挑戰，作業的設計是讓學生嘗試以新觀點來看生活中的種種阻礙。我要求學生先找出問題，然後在周遭環境中隨意挑選一個東西。接下來，他們需要弄清楚如何利用那個物品來幫助他們解決問題。當然，我對於他們究竟面對什麼個人挑戰、會挑選什麼樣的物品或能不能順利解決問題，完全一無所

在「做」與「不做」之間，其實只有一個小小的開關，但是兩個選擇卻可以帶來截然不同的結果。

知。無論如何，在大多數情況下，他們仍然設法運用生活中的物品，來解決似乎完全不相干的問題。

我最喜歡舉的例子是一位年輕女士，她正在搬家，必須把一些大型家具從目前的公寓搬到另外一棟公寓裡，她完全不曉得該怎麼辦，但不把家具搬走，就得把它們留在舊公寓。她環顧四周，看到有一箱酒，是幾個星期以前開派對時留下來的。哈！有了，她連上社區網路的公布欄，提議用這箱酒交換一次搭便車的機會，把家具運到舊金山大橋另一端的新公寓。結果在幾小時內，她的家具就搬走了。她把原本躺在角落中積灰塵的一箱酒變成有價值的通貨。這個作業並沒有真的點酒成金，但確實激發了這位女士的能力和動機，讓她以不同的眼光來看待那箱酒。

無論是多大的問題，你都有辦法克服。事實上，創新競賽的大多數作品都是為了創造「社會價值」而精心設計。也就是說，學生把競賽當成解決重大社會問題的機會，例如節省能源、鼓勵人們注意健康或協助社區的身心障礙兒童等。

要解決重大問題，第一步是找出問題，產品設計界稱之為「發現需求」，這是一種可以學習的技能。事實上，這是史丹佛醫療產品設計人才（BioDesign Fellows）

培訓課程的重要元素[2]，計畫主持人是心臟科醫師兼發明家和創業家約克（Paul Yock）。這個計畫網羅曾在大學主修工程、醫學和企管的人才一起進修一年，找出醫療界的重要需求，並且設計產品來滿足需求。約克認為：「清楚描繪的需求是發明的DNA。」換句話說，如果能清楚界定問題，合理的解決方案就會自然而然出現。

參與計畫的人會花三個月的時間跟隨醫生看診和行動，挖掘醫生碰到的問題。他們仔細觀察，和醫生、護士、病人和行政人員等所有相關人士談話，然後思考有哪些地方需要改善。他們列出一長串名單，上面有幾百項需求，然後把它刪成十幾項，目標是在他們找到的問題中挑出最嚴重的問題。大家對問題取得共識後，就開始為不同的解決方案設計產品，並且很快把產品原型做出來。經過反覆修正後，他們向相關人士發表新產品的概念，看看產品是否成功滿足需求。

「視而不見」的盲點

有趣的是，在很多案例中，第一線工作人員對於每天碰到的問題已經太習以為常了，甚至對問題視若無睹，或是根本無法想像能找到革命性的做法來解決問題。

清楚描繪的需求是發明的DNA。如果能清楚界定問題，合理的解決方案就會自然而然出現。

約克曾經和我們分享氣球擴張術發明的經過。氣球擴張術就是將氣球放進心臟病患的動脈血管，讓血管擴張，藉此打通原本阻塞的動脈。在這個突破性技術發明之前，大多數的心臟科醫生都認為，動脈阻塞時的唯一辦法就是動脈繞道手術，拿掉受損的血管，而繞道手術在過程中需要進行風險較高的開心手術。氣球擴張術則是風險較低的非侵入式手術。但氣球擴張術剛推出時，在醫界面對巨大的質疑聲浪和阻力，尤其是「最懂得」如何治療動脈阻塞的外科醫生反對最力。開路先鋒前面橫亙著重重路障。例如，氣球擴張術的發明人之一辛普森（John Simpson）因此不得不離開大學，到私立醫院做研究。但經過一段時間以後，氣球擴張術清楚展現醫療效果，成為動脈阻塞病患的標準治療程序。這是個絕佳的例子，讓我們看到當局者如何深陷在現狀的迷障中，以至於無法想像任何不一樣的做法。

這種「對問題視而不見」的現象也適用於消費產品的開發過程。比方說，文獻中清楚記載，自動櫃員機最初開發時，其實沒有通過焦點團體測試。當時他們問一組潛

2 從二〇〇八年起，台灣為了培育高階醫療器材跨領域人才，也與史丹佛大學合作，參考BioDesign的課程設計，推動「台灣—史丹佛醫療器材產品設計人才培訓計畫」，在台灣甄選出由工程、醫學、生命科學、商務管理等不同領域人才所組成之跨領域團隊，至史丹佛大學接受心血管科技相關高階醫療產品設計及商業化運用的實務訓練。期望由不同領域之專業角度，促成創意的改良設計，並尋求創業機會。

在顧客，願不願意使用機器從銀行帳戶中存錢和領錢，而不是親自到銀行請櫃檯人員辦理，結果這些顧客無法想像這麼戲劇化的改變會是什麼樣子。但事後回顧發現，自動櫃員機其實有效改善和翻新了個人金融業務，今天我們簡直無法想像，如果沒有自動櫃員機，我們要怎麼辦。

我自己也曾經犯過同樣的毛病。大約十五年前，外子麥克送給我一支手機，那時手機還不像現在那麼普遍，我根本不認為自己需要它。事實上，我因此還頗氣惱，覺得手上又多了一個用不著的電子裝置。麥克鼓勵我試用一個星期，我只用了兩天，就知道我離不開這支手機了。我每天至少要通車兩個小時，我因此可以在通勤途中隨時和朋友及同事聯絡。我回過頭來誠心誠意地謝謝麥克送我這個禮物，現在每當我看到可能是突破性的新構想時，總是把這個故事牢記在心。

為顧客的需求填補落差

發現需求的關鍵在於設法找到落差，並且填補落差；也就是說，尋找顧客使用產品的落差、現有服務的落差，還有在調查顧客行為的過程中，從他們訴說的故事看到的落差。

有一次，我剛好有機會和 Point Forward 公司的發現需求專家巴瑞（Michael Barry）談話，他告訴我一個精采的故事，是關於他和金百利克拉克公司（Kimberly-Clark）合作的經驗，金百利克拉克即生產舒潔（Scott）廚房紙巾、可麗舒（Kleenex）面紙和好奇（Huggies）紙尿褲的公司。基本上，金百利克拉克公司對於好奇紙尿褲的銷售業績很不滿意（遠遠落後紙尿褲業巨人寶鹼公司的幫寶適紙尿褲），因此引進巴瑞的團隊，希望弄清楚應該如何改善。

巴瑞仔細觀察了紙尿褲銷售過程，評估紙尿褲的包裝傳遞的訊息，並訪談了許多家長，他明白金百利克拉克把重點搞錯了：他們賣尿片時，把尿片說得好像是處理有害廢棄物的裝置似的，但許多父母的想法並非如此。對為人父母者而言，穿紙尿褲是讓孩子保持舒適的方法，處理尿片是養兒育女的必經過程，他們把紙尿褲當成孩子穿著的一部分。對於改善產品包裝和定位，這些觀察提供了很棒的著眼點。

後來經過更密切的觀察，巴瑞發現更大的機會。他注意到，每當家長被問到小寶寶「是不是還在包尿片」時，他們都尷尬得不得了。賓果！大小便訓練對父母和小孩而言都是很痛苦的事情，一定要想辦法改變這種狀況。怎麼樣才能讓紙尿褲成為成功的象徵，而不會帶來挫敗的感覺？於是，Pull-Ups 兒童訓練尿褲的想法就此誕生，這種訓練褲是尿褲和內褲的混合體。當包著尿片的嬰兒逐漸長大到可以開始穿 Pull-Ups，無論對父母和孩子而言，這件事都是重要的里程碑。訓練褲的設計讓小孩無須大人幫忙，就可以自己穿上 Pull-Ups，他們因此感到非常自豪。

巴瑞的洞見為金百利克拉克公司每年增加了十億美元的營收，大幅領先競爭對手。新產品之所以誕生，正是靠發現需求、清楚界定問題，並且把問題轉化為機會。

沒有動物和小丑的馬戲團！

我在課堂上會運用「太陽馬戲團」（亦稱「太陽劇團」）的案例，讓學生有機會練習挑戰既有的假設。故事的背景是一九八〇年代，當時馬戲團行業深陷泥沼，表演內容一成不變、毫無新意，顧客逐漸流失，甚至馬戲團對待動物的方式都遭到外界抨

新產品之所以誕生，正是靠發現需求、清楚界定問題，並且把問題轉化為機會。

擊，當時似乎不是創立馬戲團的好時機。但加拿大街頭藝人拉里貝特（Guy Laliberte）卻不這麼想，他決定成立一個新的馬戲團。拉里貝特成立的「太陽馬戲團」挑戰了關於馬戲團的所有傳統假設，把問題（衰敗的行業）轉變為機會。

我先在課堂上播放一九三九年馬克斯兄弟（Marx Brothers，二十世紀上半葉活躍於美國影劇界的喜劇團體）的電影《馬戲團》（*At the Circus*）的片段，請學生找出關於傳統馬戲團的種種假設：大帳篷、動物表演、票價便宜、大聲叫賣招徠顧客、賣紀念品、好幾個節目同時進行、好玩的音樂、小丑、爆米花、大力士、火圈等。接下來，我要他們顛覆所有的假設，想像和以上每一件事情完全相反的情況。比方說，新的清單上可能包括小帳篷、沒有動物、票價昂貴、沒有人大聲叫賣、同一時間只演出一個節目、精緻的音樂，而且也沒有小丑，更不供應爆米花。學生可以從中選擇他們想保留的傳統，以及希望改變的項目。結果就出現了一種新型態的馬戲團：太陽馬戲團。然後我再播放太陽馬戲團最近的表演片段，他們可以看到這些改變帶來的影響。一旦我們針對馬戲團做了這個練習以後，要把同樣的做法應用到其他產業和其他機構就容易多了，無論要改造的是速食餐廳、旅館、航空公司、體育活動、教育，甚至追女朋友的方法和婚姻都一樣。

只要你抓住竅門，這個練習就變得很簡單，你可以用它來重新評估你的生活和生涯發展。重點是，你必須花時間認清每一個假設，通常這是最困難的部分，因為正如我們在氣球擴張術的例子中所說的，有時候這些假設已經自然而然融入我們的世界觀，我們很難看清楚這些假設。不過只要透過一點點練習，這就會變成有用的方法，幫助你以新眼光來看待各種可能的選擇。

大膽迎向未知疆界

有的人特別善於挖掘假設和挑戰假設。他們為了找出創造性的方案以解決看似解決不了的問題，會把合理性和可能性都先擱在一邊。他們在陌生的地方展開新生活，承擔重責大任，做出看似激進的選擇，開拓出一條通往未知疆界的新路。我們往往敬佩地在一旁觀望，不肯像他們那樣邁出大步。

就以庫克（Sandra Cook）為例，她成功地突破自己的極限，挑戰所有的傳統假設，為自己規畫了一場驚人的冒險旅程。庫克原本的職場生涯就好像時鐘一樣按部就班。她拿到數學邏輯博士學位後，遠赴倫敦政經學院深造和教書，回美國後，先進入史丹佛研究院（Stanford Research Institute, SRI）工作，後來又到博思艾倫諮詢公司（Booz Allen Hamilton）擔任顧問，最後主持摩托羅拉公司通訊事業的策略部門。她原本大可繼續在這條路上順利發展，卻決定從這架完美的飛機跳下來，因為方向不對。

庫克一直熱中於深入遙遠的荒野探險，她曾經在繁忙的工作中硬擠出兩個星期，遠赴印度、西藏、蒙古和尼泊爾旅遊，然而她覺得這樣還不夠，所以決定徹底改變自己的生活，花更多時間在阿富汗旅行，於是在二〇〇二年辭掉摩托羅拉令人稱羡的工作。當時，開戰後的阿富汗變得殘破不堪[3]，庫克希望能盡一己之力，幫助阿富汗人民。她拿到簽證，買了機票就出發了，希望找出法子改變現況。到了喀布爾，她下了飛機，找不到計程車可搭，也發覺當地幾乎沒有什麼基礎設施。她費了好一番力氣才抵達外國記者經常出入的旅館，聯絡當時找得到的每一個人，想找到門路參與阿富汗

3 二〇〇一年十月七日，美軍發動了對阿富汗的空襲行動，並在三個月內推翻塔利班政權。但此後阿富汗人一直生活在貧困和動盪中。

重建計畫。她自願幫忙撰寫申請補助的提案、準備營運計畫，甚至掃地——只要能派得上用場都好。

庫克後來和喀布爾大學阿富汗中心主任杜普瑞（Nancy Dupree）聯絡上。杜普瑞當時孜孜不倦地努力重建大學圖書館，並設法把圖書送到阿富汗人民手中。庫克和杜普瑞變得比較熟絡之後，開始為阿富汗中心撰寫營運計畫，並且應邀擔任董事。她現在是董事會主席之一，大部分時間都花在為阿富汗中心募款和宣傳。除了在阿富汗中心的正式職務外，庫克也參與當地的草根活動，例如在喀布爾到處散發石榴樹苗。她自費購買了兩萬株裸根石榴樹，把樹苗發放給喀布爾的人家種植，以取代在戰火中被摧毀的樹。

大多數人都不願意放棄舒適的生活，到遠方處理如此艱困的大問題。但在許多情況下，即使迎接小小的挑戰也同樣令人卻步。對許多人而言，即使只是換工作或搬家，都和遠赴異地進行救援工作同樣冒險，最好還是死守著「還算差強人意」的職位，不要跨出去嘗試高度不確定的新方向。我們大都滿足於一次只跨一小步的安穩做

傳教士滿懷熱情，傭兵則純粹只追求私利。當企業能以傳教士般的熱情致力於為重大挑戰找到解決方案時，成功也就指日可待。

法，這樣雖然沒辦法走太遠，但也不會惹上什麼麻煩。

專門投資新事業的創投公司最自豪的就是他們能看到大問題，並為了克服問題而甘冒極大的風險。他們總是不斷搜尋下一個大機會，而不是挖掘能逐步改善的小問題。他們希望能前瞻未來，放眼於比下一座山頭更高的山峰，投資於革命性的創新做法，正面迎接挑戰。

以傳教士的熱情挑戰問題

著名的創投公司ＫＰＣＢ（Kleiner Perkins Caufield & Byers）就是個好例子。ＫＰＣＢ以善於預測未來挑戰以及投資於解決方案而著稱。早在生物科技、電子商務和替代能源還沒有成為家家戶戶談論的話題時，他們早已投資這些領域，並且預知昇陽電腦（Sun Microsystems）、基因科技（Genentech）、亞馬遜網路書店（Amazon）、Google、網景（Netscape）、財捷（Intuit）和電子藝術（Electronic Arts）等公司未來將對企業界帶來巨大衝擊。ＫＰＣＢ的合夥人高米沙（Randy Komisar）表示，能看到世界上處處都充滿機會，就是富有創業精神。他和他的同事發現，挖掘大問題並解決問題，可為所有參與其事的人帶來豐碩的報酬。

雖然我們能靠解決大問題來賺錢，但高米沙在著作《僧侶與謎語》（*The Monk and the Riddle*）中強調，重要的是解決大問題的熱情，而不只是為了賺錢。為了說明其中差異，他拿傳教士和傭兵來做比較。傳教士滿懷熱情，致力於達成重要使命，傭兵則純粹只追求私利。當企業能以傳教士般的熱情致力於為重大挑戰找到解決方案時，成功也就指日可待。作家蓋伊・川崎（Guy Kawasaki）也抱持同樣的看法，他表示「創造意義比賺錢」重要多了。如果你的目標是以創新方式解決重要問題、創造出人生的意義與價值，你反而比較容易賺到錢；反之如果打從一開始就一心只想賺錢，你可能既賺不到錢，做的事又毫無意義可言。

創業家、創投家和發明家說的這些話，和設法從區區五美元或小小迴紋針創造出最大價值的學生有什麼關係呢？關係可大了。上述的例子都呼應了前面談過的觀念：好好挖掘你在日常生活中看到的問題，然後藉著挑戰傳統假設，努力解決問題，你將從中獲益良多。問題俯拾皆是，只不過等待有心人以創新方式解決問題，這就必須靠敏銳的觀察、團隊合作和執行計畫的能力、願意從失敗中學習的態度及創造性解決問題的能力才辦得到。但首要之務是必須先養成一個態度：問題總是可以解決的。我發現不管是我自己或我的學生，解決問題的經驗愈豐富，就愈相信一定能找到法子來解決問題。

解決問題的經驗愈豐富，就愈相信一定能找到法子來解決問題。

跨出舒適圈自我挑戰

我前陣子到蘇格蘭為一個為期一週的創業研習營授課。研習營是由蘇格蘭企業研究院的巴羅（James Barlow）舉辦，五十名學員來自英國各地，在大學的主修科目從犯罪學到美容無所不包，而大多數人對創業一無所知。研習營一開始，許多學生就被第一個作業嚇壞了，我要求每一組發想一個新產品或新服務，然後設法銷售他們的產品或服務。我在下午六點鐘發給每一組學生五十英鎊作為創業資金，他們有十八個小時來完成作業，目標是逼他們跨出舒適圈，踏入現實世界。許多學生告訴我，他們差一點就決定收拾行李回家了。（其實根本不需要等他們告訴我，他們臉上恐慌的表情已經說明一切。）但是他們都留了下來，而且後來深深為自己的成就感到驚喜震撼。

有一組學生化身為「行動雨傘」，專門協助意外被雨困住的行人；另外一組在當地酒吧設立了快速約會站；還有一組在鬧區街上擺擦鞋攤。

但這個作業只是他們創業經驗的起步。經歷了一星期的挑戰後——包括搜尋報紙挖掘問題、腦力激盪想出創新解決方案、設計創新事業、和可能的顧客見面、拍攝電視廣告、向一群成功的企業主管推銷他們的構想——他們已經準備好面對任何挑戰。

其中我印象特別深刻的是三個女生組成的團隊，三個人從來沒有上過這類課程。她們拿到第一個作業題目時還嚇得發抖，但過了一星期後，她們提出的構想卻獲得評審極高的評價，還拿到一筆種子創業基金。她們觀察到，大多數婦女買胸罩時都覺得很不好意思，結果往往買到不合適的胸罩，所以她們開發出「到府調整胸罩服務」。她們拍攝的廣告影片也很精彩，有效地說服大家這是個有趣的商機。

研習營的最後一天，其中一位女學員告訴我：「我現在知道自己什麼事都辦得到。」其實，她和其他學生原本已經擁有達到驚人成就所需要的種種技能，我們只不過給他們機會，實際證明他們有能力將周遭的問題轉化為機會而已！

03

來一客蟑螂壽司吧！

把餿主意變成好點子

我要求每一組都提出
「最棒的構想」和「最爛的構想」，
然後我把標示「最棒的構想」那張紙剪成碎片，
把「最爛的構想」重新發下去。
現在每一組手上都有一個
別組覺得很爛的構想，
他們必須設法把它改造成最棒的構想。

著名心理學家史金納（B. F. Skinner, 1904-1990）曾寫道：我們可以把所有的人類行為都看成是對個人、基因庫或整體社會的適應性行為。不過，這三種力量通常都互相矛盾，會帶來極大張力。社會的規則，包括由政府、教會、我們的雇主、學校、鄰居和家人制定的規則，在生活中隨處可見。由於這些社會團體在我們周遭制定了種種明確規範，我們往往不由自主地有一種想打破規則的衝動，藉此滿足個人的慾望或人類天生的驅動力。而他們之所以設計這些社會規則和規範，是為了讓我們的周遭世界更井然有序和容易預測，同時避免人類彼此傷害。

但是，究竟在哪些時候，「規則」其實不過是「建議」罷了？而「建議」又在什麼時候變成「必須遵循的規則」？每一天，我們周遭都有各種標誌和說明，指示我們該怎麼辦，還有種種社會規範敦促我們循規蹈矩。事實上，出於別人的鼓勵，我們也為自己訂了很多規矩，而且在人生道路上，這些規矩逐漸變成我們的一部分。我們在自認可以做的事情周圍畫了一條假想線，並因此畫地自限，這條假想線給我們的束縛遠遠超過社會規範。我們藉由自己的職業、收入、居住地區、開的車子、教育程

我們總是用自己建立的規則，為自己打造牢籠，
把自己鎖定在特定角色上，把其他無數的可能性阻絕在外。

度、甚至星座來自我定義，每一種定義背後都隱含了關於我們是誰、我們能做什麼的種種假設，而自我定義就將我們鎖定在這些假設上。

我還記得電影《與安德烈晚餐》（*My Dinner with Andre*）裡有一句著名的台詞，說紐約客「既是警衛，也是囚犯，因為他們再也……沒辦法離開自己親手打造的牢籠，甚至不再視之為牢籠。」我們總是用自己建立的規則，為自己打造牢籠，把自己鎖定在特定角色上，把其他無數的可能性阻絕在外。但如果你大膽挑戰潛藏的假設，會怎麼樣呢？脫離既定的軌道，會帶來什麼後果——無論是好是壞？打破規則的人會碰到什麼樣的遭遇？

Google 創辦人佩吉（Larry Page）曾在演講中鼓勵聽眾採取一種「不理會種種不可能」的健康心態，並藉此打破既定規則。他提到，要設定大目標往往比設定小目標容易。當目標很小時，要達到目標的方法非常明確，出錯的可能性也比較高。當你設定了很大的目標時，你通常會投入更多資源，達到目標的方法也比較多。

這是很有趣的洞見。假設你想從舊金山去喀布爾，那麼你可以透過各種不同的途徑抵達目的地，你可能會容許自己有比較多的時間和資源來達到目標，而且如果中間

出了什麼意外差錯，你也會有比較大的彈性來應變。但是如果你的目標是穿越市區，那麼可以走的路線就相當明確，你預期不會花太多時間，所以萬一在半路上莫名奇妙碰到道路阻塞、動彈不得，你就會非常沮喪。Google之所以如此成功，原因之一就是：他們願意嘗試以各種沒有明確界定的方式來解決困難的問題。

天下沒有無法克服的問題

羅騰堡（Linda Rottenberg）也是個絕佳的範例，她從來不認為任何問題會大到無法克服，而且她隨時都準備打破預期，達到自己的目標。她認為，如果別人覺得你的想法很瘋狂，那麼你走的路一定是對的。

十一年前，羅騰堡成立了一個了不起的組織，名字就叫「奮進」（Endeavor），目標是加強開發中國家的創業精神。她一踏出耶魯大學法學院的校門就創辦了這個「奮進會」，憑藉的只是在弱勢地區推動經濟發展的一股熱情。她盡一切努力來達成目標，包括設法接近深具影響力的企業界領袖，以爭取他們的支持。

「奮進會」先在拉丁美洲展開行動，然後把觸角伸到世界各地，包括土耳其和南非。他們先透過嚴謹的程序找出有創業潛力的人，挑選出擁有卓越創業構想、有強烈驅動力實現計畫的人才，然後給予需要的資源，協助他們成功達成目標。「奮進會」不是投入資金，而是將這些新起的創業家引介給當地可以指導他們的專家，施以密集的教育訓練，並讓他們有機會和當地創業家見面，了解其他人的創業歷程。這些創業新秀一旦成功，就樹立了正面典範，為當地創造就業機會，並且回饋「奮進會」，協助下一代的創業家。

巴西的薇雷茲（Leila Velez）就是振奮人心的好例子。薇雷茲原本住在俯瞰里約熱內盧的山區貧民窟，靠替人家打掃房子的微薄收入勉強餬口，不過她想到一個主意：巴西許多女人都非常渴望擁有一頭柔滑的秀髮。薇雷茲和嫂嫂一起發明了一種美髮產品，能將打結的頭髮轉變為鬈髮。經過多年試驗、遭遇許多可怕的失敗後，她終於找到了解決方法，於是在里約開了一家美容院，而且生意興隆，薇雷茲便開始夢想著要成立連鎖店。「奮進會」就在這時候介入，幫助薇雷茲實現夢想。薇雷茲的連鎖美容事業 Beleza Natural 目前雇用一千名員工，年營收高達數百萬美元。

這只是「奮進會」幾百個成功案例之一而已。兩年前，我參加了「奮進會」每兩年一度的高峰會，深深被會場上瀰漫的活力和熱情打動。每一位創業家都把成功歸功於「奮進會」提供的工具和啟發。如果羅騰堡當初聽信別人告訴她的話，認為這是個瘋狂的想法，就不會有今天的一切了。

從爛點子找創意

要承擔「不可能的任務」，其中一個最大的困難在於，其他人通常會迫不及待地告訴你，這是不可能達到的目標。要勇敢面對大問題，可以說已經是一大挑戰了，而你一旦決定要勇往直前，要打破傳統方式、用不一樣的思維來解決問題，同樣是巨大的挑戰。這時候，打破幾個規則會非常有用。

下面的練習就以一種出人意表的方式強迫大家這麼做。首先，提出一個和你們的團體相關的問題。比方說，如果團體成員都是公用事業的主管，那麼問題可能是如何促使公司節能；如果成員都在劇院服務，問題可能是如何吸引大量觀眾來看戲；如果是商學院學生組成的社團，那麼提出的挑戰可能是如何想出很酷的創新構想。把團體成員分成小組，要求每一組針對剛剛的問題提出最棒的構想和最爛的構想；所謂最棒的構想，就是所有組員都認為這樣做將能很漂亮地解決問題，最爛的構想則是沒有效、不賺錢或讓問題更加惡化的構想。討論完畢後，每一組都把想法寫在兩張紙上，一張紙標示「最棒」，另一張紙標示「最爛」。

每次做這個練習時，我都要參與者把兩張紙都傳給我，接著我開始把標示「最棒」的那張紙剪成碎片。在花了很多時間想出這些構想之後，他們對我的舉動感到非常訝異，而且不太開心。

然後我把標示「最爛」構想的那張紙重新發給大家。每一組現在手上都有一個別組覺得很爛的構想。他們必須設法把這個很爛的構想改造成很棒的構想。他們盯著手裡這個爛點子，很快就發現，其實這個構想不見得那麼爛。事實上，他們往往覺得這個想法很棒，過了幾秒鐘之後，小組裡頭就會有人說：「嘿！這是個好主意！」

我們和一家公用事業主管做這個練習的時候，其中有個節能的「爛」點子是：規定每個員工使用能源時不能超出配額，超過上限就要另外付費，他們認為這個想法很可笑。但是，被分派改造這個構想的小組後來把它變成值得嘗試的好主意：每一位員工仍然有能源使用的配額，但如果使用的能源少於配額，就可以領到回饋金，如果使用的能源超出配額則要額外付費。員工甚至可以把節省下來的能源配額賣給同事，因此就有更強的省電誘因。

我也曾經帶領負責舉辦藝術活動的史丹佛大學職員做這個練習。針對如何吸引更多觀眾參與藝術活動的問題，其中一組提出的「爛」點子是舉辦員工才藝表演。乍看之下，這個想法和他們目前所做的事情——從世界各地引進頂尖藝術人才——恰好背道而馳，但另外一組卻把這個構想完全翻轉過來。他們從更寬廣的角度來詮釋這個想法，提議舉辦一次大型募款活動，讓史丹佛大學的教職員都來展現不同的才藝。這樣的活動可能會吸引許多平常不太參與表演藝術活動的人來參加，因此也為他們舉辦的其他活動做了很好的宣傳。

大多數的構想即使表面上看似愚蠢可笑，都仍然暗藏一點點潛能，能幫助我們挑戰原有的假設，不再把構想用好壞來做二分法。

在南極賣比基尼泳裝

當你出的題目是提出「最爛的商業構想」時，你會收到數不清的建議。例如，有一組建議在南極賣比基尼泳衣，一組建議開一家賣蟑螂壽司的餐廳，還有一組建議創辦一個心臟病博物館。在上述幾個案例中，這些餿主意都被改造成值得考慮的有趣構想。比方說，被分派到南極賣比基尼泳衣的小組後來想出一句口號：「不穿比基尼毋寧死。」他們的想法是為想瘦身的人舉辦一次南極之旅，這趟辛苦旅程接近尾聲時，參加者將有辦法穿上比基尼泳衣秀一秀身材。需要賣蟑螂壽司的小組想出的點子則是開一家叫「蟑螂」（La Cucaracha）的餐廳，用各種營養豐富但打破傳統的食材做出各式各樣的奇怪壽司，把目標放在勇於冒險、喜歡嘗鮮的食客。分派到創辦心臟病博物館的那一組則把這個構想當成起點，構思了一個完全以健康和預防醫學為主軸的博物館。這三個小組都為原本的餿主意想出了吸引人的新事業名稱、口號和廣告。

這個練習是協助你打開心胸、面對各種問題解決方案的好方法，因為從練習中我們看到，大多數的構想即使表面上看似愚蠢可笑，都仍然暗藏一點點潛能，能幫助我們挑戰原有的假設，不再把構想用好壞來做二分法，而且也證明只要有正確的心態，都可以在任何想法或情勢中找到有價值的東西。比方說，即使沒有真的開辦南極之旅，仍然可以把這個點子當做起步，構思更實際的計畫。

不妨來封瘋狂推薦信

我的老友史蒂格布（John Stiggelbout）在申請研究所的時候，就顛覆了我們對好點子的既定想法。在任何正常人眼中，他做的事情都是爛透的餿主意。

史蒂格布在最後一分鐘才決定要讀研究所。由於已經錯過所有研究所的申請期限，他選擇用非傳統的方式突顯自己。大多數的申請人都會拚命宣揚自己的豐功偉績，他卻反其道而行，除了傳統的申請資料，還附上一封聲稱是他的好友兼獄友的前教授寫的推薦函。這封信用入學許可委員會從來沒見過的奇特方式來描述史蒂格布，包括他能靠打嗝打開玻璃罐。結果入學許可辦公室的人員不但沒有把他淘汰出局，反而對他非常好奇、很想見見他，因此邀請他到學校面談。史蒂格布很好心地把這封信找出來，讓各位也欣賞一下：

我是在搭灰狗巴士時認識約翰．史蒂格布的，他一定在車尾的地板上昏倒了。我發現他躺在那兒，旁邊有個保麗龍杯和糖果紙，上面還有幾個菸屁股，手裡握著廉價加烈葡萄酒的瓶子。我是他最好的朋友，我們還在搶劫超商被捕後成了獄友。

有一次，我們在基督教救世軍飽餐一頓後，去參加重拾信仰集會，我們兩人都看上了同一個女孩（他很能接受挫敗和羞辱，顯然是個經驗老到的失敗者）。

他有一些令人印象深刻的個人特質，任何正在辛苦奮鬥的小公司或小小的家庭洗衣店都可以好好用他。他打呵欠的時候會遮住一口黃牙，吐口水的時候會記得開窗。他可以靠手指把口哨吹得很響亮，還可以靠打嗝讓糖果罐迸開。他每個月沖一次澡，可以的話就使用肥皂。

他需要有個安身之處，好讓他不必再睡在巴士站的盥洗室。他需要在大公司裡找到一個職位，這樣他酗酒的習慣和對奇異鳥類的性偏好才不會害他在上工第一天就被炒魷魚。

任何對奇異鳥類有性偏好的人一定很有獨創性，而且能獨立思考。事實上，他的思考是如此獨特，以至於根本沒有想法。

為了喝酒，這個傢伙願意做任何事情，甚至願意去上班。

既然史蒂格布已經出獄，我確信如果有某個研究所願意照顧他一陣子，假釋官一定不會介意。他在「地獄天使幫」裡是很棒的老大，和我談過話的人都認為他一定可以成為高明的白領罪犯。

我見過所有在巴士車尾地板上昏倒的人之中，這傢伙可說是最棒的一個了。

我對他的整體印象是，他其實沒有我說的那麼好。想辦法把我弄出監牢，我就可以代替他去芝加哥。

布佛德・T・莫頓，囚犯編號三三五三四二號
哇啦哇啦聯邦監獄，華盛頓州哇啦哇啦市

等到史蒂格布到學校面談的時候，辦公室每個人都把頭伸出來，想看看寄這封瘋狂申請信來的是何許人也。他在面談過程中表現得彬彬有禮、泰然自若，所以終於被

好的腦力激盪都有一個特色：沒有「餿主意」這回事。
召開腦力激盪會議時，必須明白宣示這個原則。

錄取。

絕不說「不」

好的腦力激盪都有一個特色：沒有「餿主意」這回事。當你召開腦力激盪會議時，必須明白宣示這個原則。許多人都認為只有行得通的構想才有價值；你必須推翻這樣的假設，鼓勵大家天馬行空提出各種想法，不要自我設限。有時候，乍聽之下似乎很不實際的瘋狂點子，過了一段長時間以後，卻變成最有趣的構想。或許一開始不可行，但是經過琢磨後，可能變成出色而可行的解決方案。

要把腦力激盪會議開得很成功，需要很多技巧和練習，關鍵在於從一開始就要建立基本原則，並且不斷強化這些原則。IDEO 設計公司的總經理湯姆．凱利（Tom Kelley）在著作《創新的藝術》（*The Art of Innovation*）中，說明了IDEO 的腦力激盪規則。他們最重要的規則是必須設法延伸、擴大別人的構想，因此成功的腦力激盪會議結束時，許多與會者都覺得最棒的構想是自己想出來的，或自己有很大的貢獻。由於每個人都有機會參與，也親眼目睹構想誕生和發展的過程，等到真正執行時，他們也都會一起支持這個構想。

如果你曾經參與腦力激盪會議，就知道這類會議並非總是這麼順暢。每個人難免都會認為自己擁有某個構想，因此要與會者把別人的提議進一步發揚光大，是很不容易的事情。

《即興創作的智慧》（*Improv Wisdom*）的作者麥德森（Patricia Ryan Madson）設計了一個很棒的暖身練習來實現以下兩個觀念：一、沒有任何點子是爛點子；二、以別人的構想為基礎，進一步把它發揚光大。你可以讓與會者兩人一組，其中一人試著規畫一場派對，並向搭檔提出他的建議，另外一個人則必須對每個建議搖頭，說出行不通的原因。比方說，第一個人可能會說：「我們週末晚上來開一場派對吧。」另外一個人會說：「不行，我得洗頭。」如此這般反覆進行幾分鐘，第一個人不斷提出新點子，希望搭檔能接受，但挫折感愈來愈大。做完這個練習以後，兩個人角色互換，現在換成第二個人負責規畫派對，無論他提議什麼，第一個人都必須同意，而且必須想辦法把他的點子進一步發揚光大。比方說，「我們週末晚上來開一場派對吧。」他的回答可能是：「好啊，我會帶蛋糕來參加。」進行一段時間以後，提出的點子可能愈來愈瘋狂。有的時候，最後的規畫是在水中或其他星球舉行派對，派對上提供各種稀奇古怪的食物和娛樂。結果會議室裡熱鬧非凡，大家都興致勃勃，提出很多構想。

成功的腦力激盪會議就應該像這樣充滿活力。當然，到了一定的時候，你們還是得考慮提案的可行性，但是不應該在腦力激盪的階段就開始考慮可行性的問題。腦力激盪是要打破傳統做法來解決問題，所以你應該掙脫常態的鎖鏈，無所顧忌，把各種瘋狂點子翻天覆地、從裡到外地探索各種可能性。到會議結束時，會中產生的創意涵蓋面之廣，一定會令你驚喜不已。幾乎所有的腦力激盪會議最後都至少能產生幾個種子構想，從中衍生適合進一步探索的真正機會。

很重要的是，切記：激發創意的過程必須探索各種可能性。激發出瘋狂的創意不需要花錢，你也不需要對任何構想許下執行的承諾，腦力激盪的目標只是透過不受任何束縛、天馬行空的想像來打破既定的規則。一旦完成了這個程序，就可以進入「開發」階段，你選擇其中某些構想，然後進一步探索。這時候，你可以用比較批判性的眼光來評估這些構想。

在這裡工作真酷！

無論在任何組織裡和任何流程中，你都可以打破規則。例如一家叫 Cooliris 的年輕公司，致力於創造出身歷其境的網頁瀏覽經驗。基本上，Cooliris 把我們在線上看到的標準平面網頁轉變成立體牆，讓網頁瀏覽變得更快速，上網經驗更接近直覺。在眼前展開的影像會讓你覺得好像置身於畫廊一樣。

Cooliris 公司的創辦人是兩名史丹佛學生，史瓦札佩（Josh Schwarzapel）和舒馬克（Austin Shoemaker），以及經驗豐富的創業家布姆卡爾（Souyanja Bhumkar）。他們拿到一小筆創業基金，但是在招募人才時碰到很大的困難。這是個大問題，除非他們能網羅到十來個才華出眾的優秀人才，否則永遠無法達到大膽的產品開發目標，因此必須設法出奇制勝。

負責招募人才的史瓦札佩一開始也採取傳統徵才方式，包括在求才布告欄和分類廣告網站上公布職缺、在 LinkedIn 和 Facebook 等社交網站刊登廣告，甚至雇用專業的徵才專家，但是都無法奏效。所以，他們決定換個角度來看待目前的處境，打破傳統方式。他們不再努力說服優秀年輕人來上班，而是集中心力讓 Cooliris 變成一個極具吸引力的工作環境，使得大學生反過來懇求公司讓他們加入。他們希望這裡變成鎮上最酷的「派對」，於是為學生舉行特別的活動；Cooliris 在就業博覽會設的攤位一定是最炫的攤位，並用巨大的電漿螢幕展示產品，讓學生看得目瞪口呆；他們還發時髦的太陽眼鏡給每個到攤位參觀的學生當贈品。

他們也雇用兩個史丹佛學生葛林伯格（Jonah Greenberg）和華爾（Matt Wahl）當實習生。葛林伯格和華爾的職責是在史丹佛校園內把話傳出去，讓大家知道 Cooliris 這家公司，同時盡量在校園中發掘最優秀的學生，無論年紀多大或主修科目為何。這兩人交遊廣闊，人緣很好。他們在社交圈散播關於 Cooliris 公司的訊息，讓大學生覺得能在這裡工作很酷，結果 Cooliris 真的變成一個很酷的公司。

等到求職履歷表如雪片般飛來，Cooliris 怎麼樣決定要用誰呢？他們不是透過嚴謹的程序篩選人才，而是先不要做任何決定，幾乎每個求職者都獲錄用，進入公司擔任實習生，藉此觀察每個人在工作上的表現，而學生也可以對公司多一些了解。結果，不但 Cooliris 有機會測試一下實習生的實力，實習生也覺得 Cooliris 的產品實在太炫了，變成 Cooliris 公司和產品最好的宣傳人員，拚命把朋友拉進來實習或說服他們購買產品，成為 Cooliris 網羅人才的一大助力，也刺激業務成長。

雖然形勢一片大好，Cooliris 仍然繼續打破既有規則。他們廢除了實習生和全職員工之間的層級，分派重大的專案給實習生做，而且讓他們為成果負起完全責任。每一位實習生手上都分派到一個專案，專案的目標都很大，他們可以嘗試任何可能的方式來達成目標。當然，還是有人督導實習生的工作，不過顯然實習生獲得明確授權，可以做一些重要決定。比方說，目標可能是提高使用 Cooliris 的網站數量，他們不會明白告訴實習生該怎麼做，而是鼓勵他們自己規畫和執行。如此一來，他們可以看出每個人的能耐，獎勵表現傑出的實習生。

不過 Cooliris 並沒有就此滿足。他們也知道，要找出最適合公司的人才，最好的辦法就是觀察新人的行為，因此找了幾百名學生來擔任產品試用者。當然，這是評估新產品性能的標準做法，但 Cooliris 也把它當做招募人才的工具。他們可以從每個學生與其他試用者的互動中，看出每個人的思考方式，以及他們對產品抱持多大熱情，還有最重要的是，他是否適合這家公司。如此一來，他們至少可以獲得一些有用的顧客意見，而在最好的情況下，還可以找到適合的新人。

跳脫羈絆，繞道而行

你或許會認為，個人或小公司要挑戰傳統或打破規則當然比較容易，但其實在大公司內部也可以打破綁手綁腳的規則。我是從以前教過的學生李（Tricia Lee）那兒聽到微軟推出 Zune 的故事。微軟開發 Zune 是為了迎戰蘋果的 iPod，因此產品開發的進度非常趕。進行到一半的時候，情況已經很明顯，他們一定達不到原訂的大膽目標。軟體完成還不到一半，如果照目前的方法進行，即在正常的監督制衡機制、回饋系統和官僚系統中運作，花的時間一定會比原本預期多很多。為了克服這個問題，其中一個小組躲起來埋頭苦幹，終於完成了軟體的基本編碼，讓整個計畫趕上進度，激勵了士氣，同時新產品也準時完成。

像微軟這樣的大公司制定的流程都必須具擴展性，換句話說，必須能在龐大組織中跨部門運作，但有時這樣的流程不一定很有效率。碰到緊急狀況，每一件事情都必須加速完成，微軟的 Zune 開發小組碰到的情況就是如此，這時公司就必須掙脫官僚體系的束縛。事實上，許多公司決定設立「臭鼬團隊」（Skunk Works）[1]：讓特殊任務小組脫離日常工作流程，容許他們打破規則，以截然不同的方式思考和工作。

俗話說：「不求批准，但求原諒。」這正好說明所有的規則原本就是要拿來打破的。大多數規則存在的目的是作為最低標準，因此即使是完全摸不著頭緒的人都能有所依循。如果你問某人應該要如何拍電影、創業、申請研究所或競選公職，你可能會拿到一長串建議，教你如何一步步爭取業界人士的支持、如何找經紀人、籌募種子創業基金、通過考試和獲得認可等。大多數人都會選擇遵循這些規則……少數人則不然。重要的是，一定要記住，通常都有很多極具創意的方式，讓你可以遊走在規則邊緣，跳脫傳統的羈絆，靠迂迴而行達成目標。就好像當大多數人都塞在通往高速公路的主幹道上，在看不到盡頭的車陣中動彈不得時，比較敢冒險的人會設法找替代道路，更快抵達目的地。當然，有些規則之所以設立，是為了保障安全、維護秩序和建立流程，以便讓許多人工作順暢，但是在過程中，仍然應該不斷質疑這些規則。有時

當大多數人都塞在通往高速公路的主幹道上，在看不到盡頭的車陣中動彈不得時，比較敢冒險的人會設法找替代道路，更快抵達目的地。

候傳統途徑似乎窒礙難行，繞過既定的規則走小路仍然可以抵達目標。

「奮進會」的羅騰堡曾說過一個相關的故事，這個故事是一位顧問告訴她的：有兩個戰鬥機飛行員，一起分享學習開飛機時從教練那裡學到的教訓。第一個駕駛說：「教練給我駕駛飛機的一千條規則。」第二位飛行員說：「我只拿到三條規則。」第一位飛行員聽了有點幸災樂禍，認為自己的選擇真多，但他的朋友接著說：「我的教練告訴我三件絕對不能做的事情，其他的一切就看我自己了。」這個故事完全掌握了前面所說的觀念：寧可只知道少數幾件真的違反規則的事情，而不要把重心放在你認為應該做的一大堆事情上。這個故事也是很好的提醒，讓我們看到規則和建議有很大的差別。一旦你拿掉建議以後，通常真正需要遵守的規則數目會比你想像中少很多。羅騰堡正是用這個方法領導「奮進會」：她給每個創業家三條絕對不可違反的規則，其他的一切就完全看他們自己了。

另外一個打破規則的方法是：擺脫你對自己的期望和別人對你的期望。電腦科學

1 「臭鼬計畫」原本為「洛克希德先進開發計畫」的別名，曾經設計出許多著名的機型。後來「臭鼬團隊」在企業界和工程界泛指從事先進或祕密研究，在組織中獨立運作，享有高度自主性的團隊。

家柏吉克里（Armen Berjikly）總是期望自己能到高科技公司上班。他在大學時代主修電腦科學，然後又拿到管理科學的碩士學位，踏出校門後在一家叫 Echelon 的公司擔任產品經理。他的事業發展很順遂，在公司很受重視，前途一片光明。然而，他的好友得了多發性硬化症。好友的情況令他動容，他希望盡一切力量幫助她，於是利用下班後和週末的時間建構了一個叫「這是多發性硬化症」（This Is MS）的網站，提供關於多發性硬化症的有用資訊和療法，同時也設了一個匿名論壇，讓患者可以分享經驗。網站很快吸引了很多人瀏覽，因為訪客都渴望有機會把自己的故事告訴別人。柏吉克里知道自己搔到癢處了，於是決定打造一個更大的網站，讓每個人都可以在上面匿名分享自己的經驗。這個叫「體驗計畫」（Experience Project）的新網站很快吸引到眾多使用者。柏吉克里面對一個困難的決定：他應該繼續做原本安穩的工作，領一份可靠的薪水，循著清楚的生涯發展道路前進，還是一頭栽進不確定的未來，全職經營這個網站？

在認真思考後，柏吉克里決定擺脫自己和家人的期望，展開這場大冒險。這是非常困難的抉擇，但是現在已經過了好幾年，柏吉克里絲毫沒有後悔當初的決定。經營網站很辛苦，但是最大的挑戰其實在於讓自己完全歸零、重新出發的重大抉擇。

分子廚藝：挑戰你的感官

現在，暫且踏出高科技的世界，讓我們看看如何透過打破規則，在截然不同的領域中創造出非凡的價值。過去幾年來，能夠以嶄新的眼光看待食物、烹飪和用餐方式的餐廳愈來愈吸引眾人的目光。有幾位餐廳主廚不遵循傳統烹調方式，而是大膽嘗試「分子廚藝」（molecular gastronomy），以各種不尋常的方式突破食物烹調的傳統限制。這些餐廳使用實驗室的設備和材料，以超乎想像的方式耍弄你的感官。

在芝加哥的摩托餐廳（Moto），廚房裡堆著玻璃瓶、針筒和乾冰，目標是創造出令人意想不到、但十分美味的食物。他們推出的主廚精選套餐，你可以真的把菜單吃掉，菜單的味道可能和義大利帕里尼三明治差不多。摩托餐廳努力讓他們端出的每一道菜色都顛覆既有的規則，他們上菜時，可能把好像一包花生米的食物裝在聯邦快遞的盒子裡送上桌；或看起來像墨西哥玉米片的食物，其實是由巧克力、冷凍芒果片和乳酪蛋糕做成的。每一道美食的設計都把食物變成你完全想像不到的形狀和形式，挑戰你對食物的形貌和味道的一切想像。主廚羅奇（Ben Roche）表示，他們的目標是為你的感官創造出一個馬戲團。關於食物的準備及呈現，他們質疑相關的所有假設，開發出截然不同的新烹調技巧，甚至設計與眾不同的餐具。

這個例子提醒我們，無論在任何領域，從你的廚房到你的事業發展，你都可以掙脫身上的種種束縛，這些束縛或許令你安於現狀，卻會限制你的想像。

有一次我和十幾個目前的學生和過去教過的學生見面，要求他們聊一聊自己如何擺脫期望和束縛。聽完他們如何克服在學校、職場及旅行時遭遇的困難後，兩年前畢業的羅騰堡做了個總結：「不按照理所當然的下一步去走的時候，就會發生所有最酷的事情。」每個人都可以去走那條一再被踐踏的老路，然而當你願意打開心胸、出奇不意地轉個彎、嘗試完全不同的經驗，以及當你願意質疑別人為你設定的規則時，往往就會發生許多有趣的事情。每個人都同意，走在預先設定好的路上比較輕鬆，但是不按照理所當然的下一步去走的時候，就會發生所有最酷的事情。
走在預先設定好的路上比較輕鬆，但是發現轉角後面暗藏的驚奇世界卻有趣多了。

轉角後面暗藏的驚奇世界卻有趣多了。

知道自己可以質疑規則，這一點能激發出巨大的能量，提醒你傳統路徑只不過是其中一個選擇罷了。你當然可以照食譜煮菜、在大街上開車、循著前人的足跡前行，可是如果願意挑戰假設、打破自己和別人對你的期望，將有無窮的可能性等著你去探索。不要害怕跨出你的舒適圈，應該要健康地漠視「不可能」這三個字，大膽顛覆老舊的想法。但是要嘗試「並非理所當然的下一步」時，其實還是需要練習。你做的實驗愈多，愈會看到你擁有的選擇遠比想像中還多很多。唯一的規則是——你的活力和想像力到底有多高，這才是唯一的限制。

04

↗ 撿起散落地上的金塊

生活中處處是機會

這個世界有兩種人，一種人總是等著
別人准許他們做自己想做的事，
另一種人則是發許可證給自己。
機會就好像散落地上的金塊，
等著有心人把它們撿起來。

家父退休前是成功的企業主管。他最初只是個年輕工程師，然後一步步往上爬，升上去當經理人和高階主管，後來在好幾家跨國大企業擔任要職。我在成長過程中常常聽到他又升官了，從副總裁升為執行副總裁，然後又升為資深執行副總裁等，幾乎每隔兩年左右就升一次官，簡直好像時鐘一樣規律。我一直很敬佩父親的成就，把他當做好榜樣。

因此當父親看到我的新名片竟然十分氣惱時，著實令我大吃一驚。我的名片上寫著「總裁　婷娜．L．希莉格」，我開創了自己的事業，為自己印了名片。父親看著我的名片，對我說：「你不能就這樣叫自己總裁。」根據他的經驗，你必須等別人升你上去當領導人，你不能派自己當領導人。在他的舊世界裡，要升到高位、承擔重責大任，都要靠長官提拔，由於這個根深蒂固的觀念，他想到我居然給自己安了個總裁的頭銜，心裡深感不安。

我過去也曾一再碰到這樣的心態。比方說，二十年前，當我告訴朋友我要寫一本書時，她問：「你憑什麼覺得自己可以寫一本書？」她沒辦法想像我在沒有取得權威人士認可之前，就進行這樣的計畫。另一方面呢，我卻很有把握我辦得到。當然這是個很有野心的計畫，但嘗試一下又何妨呢？當時市面上沒有任何書籍探討烹調的化學，我希望讀到一本這樣的書，既然市面上找不到這類的書，我決定自己來寫一本。我不是這方面的專家，但身為科學家，我認為可以邊寫邊學。我擬了一份詳細的出書提案，寫了幾章作為樣本，然後四處投遞，看看哪家出版社有興趣，結果拿到一份出書合約。

我的處女作出版後，我很訝異出版商幾乎沒怎麼促銷這本書，於是我決定自行創業，幫助作者爭取更多曝光機會，好好介紹他們的作品，同時也幫助讀者有機會進一步了解自己可能有興趣的書。於是又來了，好幾個人問我憑什麼覺得自己可以開一家公司。當然對我而言，這是一大挑戰，但我認為我辦得到。我在一九九一年創辦了圖書瀏覽器公司（BookBrowser），當時全球資訊網還沒有真正普及，我的構想是為逛書店的顧客建立一個導覽資訊台系統，「為書籍和買家配對」。我用 HyperCard 在我的麥金塔電腦上先做出產品原型（HyperCard 是一種軟體，讓使用者可從一張「卡」連到另一張「卡」，就好像今天網路上的熱門連結一樣），使用者可以運用這套軟體連結上某位作者、某本書或某類圖書的相關資訊。我和本地書店經理見面，說服他們在書店中放置這種導覽資訊台；我還和十幾位出版商見面，他們都很希望這套系統能涵蓋他們出版的書籍。感覺這確實是個不錯的主意，所以我雇用一群程式設計師把產品做出來。沒有人告訴我能不能這樣做，或應不應該這樣做……反正我就這麼做了。

看見馬路對面的機會

經過一段時間之後，我逐漸明白，這個世界有兩種人，一種人總是等著別人准許他們做自己想做的事，還有一種人發許可證給自己。有的人仰賴內在自發的驅動力，有的人則等待外力推動他們前進。就我自己的經驗而言，我大力主張應該主動掌握機會，而不要坐等別人把機會送上門。我們周遭充斥著許多等著被填補的空白，機會就好像地上散落的金塊，等著有心人把它撿起來。有時候，這表示你必須從辦公桌抬起頭來，把眼光投注到更遠的地方，往窗外望去、穿過對面馬路、轉過街角，看到外面的世界。真的，金塊就在那裡，等候任何願意蒐集的人把它撿起來。

這個世界有兩種人，一種人總是等著別人准許他們做自己想做的事，還有一種人發許可證給自己。

約克也有同樣的發現，我們在前面介紹過，約克是史丹佛醫療產品設計人才培訓計畫的主持人，他的辦公室坐落於醫學院，對面就是史丹佛工學院。約克在十年前發現，史丹佛沒有設法讓醫學院和工學院的師生合作發明醫療新科技，因而錯失大好機會。醫學院的人，包括醫生、醫學院學生和研究人員在內，都需要仰賴工程師設計新產品和新流程來改善對病人的照護；而馬路對面的工學院裡，工程師一直在尋找引人矚目的問題，希望能運用他們的工程技術來解決問題。於是接下來幾個月，醫學院和工學院開會討論應該採取什麼合作方式。由於雙方的工作方式南轅北轍，用語也截然不同，討論過程大費周章。最後，他們終於敲定了合作方式，史丹佛醫療產品設計人才培訓計畫於焉誕生。就在同一段時間，其他在不同的醫療和科技領域的同事也發展出類似的合作計畫，於是他們把各個團體全納入一個叫 BioX 的大計畫之下。這是個宏大的構想，所以花了好幾年時間才開始執行，結果催生了成果豐碩的跨領域合作計畫和一棟漂亮的新建築，目前矗立在醫學院和工學院中間。

這個故事告訴我們，有時候機會就在馬路對面，你只需要從書桌上抬起頭來，看到對面蘊藏的機會。沒有人叫約克這樣做，但是他看到需求，而且滿足了需求。

許多人都曾找到建設性的方法來跨越鴻溝或填補漏洞，而其他人卻只是視若無睹地從旁邊走過。在過程中，他們扮演了沒有人要他們扮演的角色，我和很多這類的人談過話。鄧恩（Debra Dunn）就是個好例子，她的職業生涯大半都在惠普公司度過。她剛進惠普時是在總公司工作，幾年後，公司鼓勵她轉到營運單位，以便對組織內部運作有進一步了解。當時測試和測量事業部有個人力資源的職缺，雖然鄧恩並不認為自己是專業的人資經理人，她仍然決定接下這份工作，因為這樣一來，她將有機會深入了解營運單位的運作。

幾年後，惠普提供全部員工提早退休的機會以避免裁員，有了這個吸引人的誘因，鄧恩部門的管理團隊決定集體離開。新總經理走馬上任，組織裡有一些大洞需要填補，鄧恩看見組織出現的缺口，決定抓住機會。她自告奮勇，願意為剛改組的事業部擔任製造部門主管。她從來不曾管理過製造部門，但是由於她和前任製造部門主管長時間共事，很有把握自己辦得到，也知道自己可以邊做邊學，填補專業知識的不足。她當然不是公司考慮這個職缺時的典型人選，可是她成功說服了新上司她可以自

許多人都曾找到建設性的方法來跨越鴻溝或填補漏洞，而其他人卻只是視若無睹地從旁邊走過。

我改造。最後，鄧恩為製造部門帶來新觀點和正面的改變。兩年後，她又運用同樣的策略成為惠普的高階行銷主管。鄧恩照例沒有等別人指派她做這個職位，而是自己弄清楚如何重新包裝自己的技能，以便適應新的職位。

重新組合自己的技能

鄧恩的故事告訴我們，要從一個領域跨入另外一個領域，最好的方法就是弄清楚如何適當轉化自己的技能，以便適應不同的環境。其他人或許只看到表面，所以說明其間的相似之處就是你的責任了。有時兩個不同的領域用語南轅北轍，職務的功能卻驚人地相似。想想看科學家和企管顧問有多少類似之處好了：我拿到神經科學博士學位後，一心想進入新創的生物科技公司工作。唯一的問題是什麼呢？我希望進入行銷和策略部門工作，而不是在實驗室工作。如果沒有相關經驗，這幾乎是不可能的事情。和我面談的新公司想找的都是能立刻上手的人。我接連幾個月和許多公司面談，往往似乎快要得到那份工作了，接下來卻沒有下文。

最後，有人介紹我去見國際知名的博思艾倫諮詢公司舊金山分公司總經理。我的目標是讓他留下好得不得了的印象，因此願意介紹我認識他們在生命科學界的客戶。我走進會議室時，他問我，何以見得神經科學博士能當個優秀的企管顧問？我原本大可老實告訴他，我根本沒有考慮當企管顧問，但是在那當下，反正也沒啥好損失的，我乾脆豁出去，列出腦部研究和企管顧問的相似之處。比方說，兩者都需要找出迫切的問題、蒐集相關資料、分析資料、挑選出最有趣的結果、精心編排一次極具說服力的發表會，然後決定下一組迫切需要研究的問題為何。他安排其他人在那天下午和我面談，晚上我走出辦公室時，已經得到一份工作。當然，我接受了這份工作。事實上，這是了解商業世界和各行各業的好方法，而我當然充分運用了過去擔任科學家時所受的訓練。

無論出於需要或出於好奇，我不斷重複這個做法，經常重新組合我的技能，以便創造新機會。當別人問我，為什麼神經科學家最後卻在教工程師如何創業，我不得不說：「說來話長。」

這些案例顯示，在任何複雜組織裡，周遭總是有許多機會。即使你並非天生就懂

其他人粗心大意放棄的許多計畫中，往往暗藏了寶貴的價值。

得如何掌握這些機會，只要發揮一點點創意，通常都可以想法子運用你的能力來因應挑戰。約克在大學校園裡看到被忽略的機會，於是設計新方案來滿足需求；鄧恩看到組織中需要填補的空缺，於是設法運用所知，承擔起別人不見得會挑選她擔當的大任；我也發揮創意，重新組合我的技能，因此可以優游於看似截然不同的領域。

從垃圾中淘金

另外一種方法是把目光放在其他人丟棄的東西，想辦法把它變得有用。其他人粗心大意放棄的許多計畫中，往往暗藏了寶貴的價值。我們過去討論過，有時候其他人拋棄某些構想，是因為沒有充分理解這些構想的價值，或是沒有時間好好挖掘出潛在的價值，這些被棄之不顧的構想往往大有可為。

迪爾林（Michael Dearing）初出茅廬時，是在迪士尼的策略部門工作，然後他自己創業做零售生意，卻失敗了。之後迪爾林到線上拍賣網站龍頭 e-Bay 上班，最初他對於上司指派的職務不怎麼感興趣，因此決定利用公餘之暇，研究曾有人設計出來、但被忽視或拋棄的網站特殊功能，換言之，就是一些等待識貨的人來挖掘的構想。當時是二〇〇〇年，迪爾林發現網站有一種新功能，顧客只要多付二毛五美元，就可以在他們的標準商品清單上附加照片，但只有十分之一的 e-Bay 顧客使用這個功能。迪爾林花了一些時間分析這項服務的效益，證明附上照片的商品往往賣得比較快，價錢也比較好。掌握了這項有力的數據之後，他開始大力促銷附加相片的服務，結果顧客採用這項服務的比例從一〇%激增到六〇%，為 e-Bay 增加了三億美元的年營收。迪爾林未經任何人指示就找到一個未經發掘的金礦，並開採出驚人的收穫。公司付出的成本可說是微不足道，卻得到莫大的利益。

事實上，這不是迪爾林第一次善用身邊的資源。他從孩提時期就喜歡寫信給名人，而且驚喜地發現，名人大半都會回信。他一直保持這個習慣，主動寫信給欽佩的人。這些人幾乎都會回信，而且很多時候，雙方經由書信往返建立了長期的友誼，並帶來許多有趣的機會。他從來不曾向通信對象提出任何要求，最初寫信給他們，只是為了感謝他們做的某些事情、讚揚他們的成就、問簡單的問題，或提議自己可以在某件事情幫上一點忙。他沒有等別人邀請才和他們聯絡，而是主動出擊。

許多研究都顯示，像鄧恩和迪爾林等願意打破目前能力的界限、冒險嘗試新事物的人，比較有可能成功；而認為自己只有這麼一套看家本領、天生能力也有限、因此只能做某些工作的人，成功機率就小得多。史丹佛大學心理系教授德維克（Carol Dweck）曾寫過多篇論文探討這個問題，證明長期而言，抱持成長心態的人比較可能成功，相較之下，保守看待自己專長的人比較不可能成功。德維克的研究把焦點放在我們對自己的態度上，對自己能做的事已有定見的人，通常比較不願意冒險嘗試任何可能動搖既定形象的事情，而抱持成長心態的人，通常願意以開放的態度承擔必要的風險，為了達成目標願意加倍努力。他們願意挑戰自己能力的極限、嘗試新事物，為自己開拓廣闊的新舞台。

藏在褲袋裡的問題

那麼，你應該如何找到需要填補的缺口呢？其實很簡單，首先可以學習「注意」周遭的一切。我在史丹佛設計學院的同事針對如何發掘機會設計了以下的練習。他們要求參與者掏出皮夾，然後把所有人兩兩分組，互相訪談關於皮夾的問題。他們會討論最喜歡和最討厭皮夾的哪些部分，特別關注於如何運用皮夾來購物和放東西。

最有趣的洞見來自於觀察每個人一開始如何掏出皮夾。有的皮夾非常整齊乾淨，有的裡面塞滿紙片，有的彷彿時尚宣言，有的則裝滿照片，有的裡面只放了一個迴紋針。顯然對我們每個人而言，皮夾扮演了不同的角色。訪談過程也暴露出每個人如何運用自己的皮夾、皮夾所代表的意義，以及每個人為了發揮皮夾的最大效益而出現的奇怪行為。我從來沒有看過任何人完全滿意自己的皮夾，總是有一些需要改進的地方；事實上，大多數人平常趴趴走時隨身攜帶的皮夾都有某些部分令他們抓狂，所以學生討論他們為什麼不滿意皮夾的大小、為什麼很不容易找到想找的東西，或是碰到不同的場合時很希望攜帶不同的皮夾。

結束訪談後，每個人都必須為另外一個人——他的「顧客」——設計和製作一個新皮夾。他們可以運用的設計工具和材料只不過是紙、膠帶、麥克筆、剪刀、迴紋針之類的，也可以運用在教室內找得到的任何東西。他們花了三十分鐘設計新皮夾並完成產品原型，接下來得向「顧客」推銷產品。幾乎毫無例外的，新皮夾都能解決顧客

每一位成功創業家無論在家裡、在辦公室、在搭機時、在海灘上，都經常注意周遭的一切，並發現各種解決問題、彌補漏洞的機會。

最煩惱的大問題。新皮夾的設計概念令他們驚喜莫名，學生們都表示，如果市面上有這樣的皮夾，他們願意買下來。新皮夾的功能有的是從科幻小說得來的靈感，例如有一個皮夾會根據顧客需求印鈔票；有的皮夾則只需設計師的巧思就讓構想成真。

從這個練習中可以得到很多教訓。第一，皮夾象徵了一個事實：生活中到處都是等待解決的問題，有的問題甚至就藏在你的褲袋裡。其次，不需要花太多力氣就可以挖掘出這些問題。事實上，人們通常都很樂意把他們的問題告訴你。第三，透過實驗，你很快就會得知你提議的解決方案行不行得通，並不需要花費太多力氣、資源甚至時間。最後，即使解決方案方向錯誤，你耗費掉的成本也很低，你只需要重新來過就行了。

我曾經要小團體、大團體、小孩子、醫生和企業主管做這個練習。每次做這個練習時，他們都很訝異，原來這麼簡單的練習就能讓他們領悟到，總是有一些可以改進的地方——從皮夾、鞋帶、背包、軟體、餐廳、加油站、汽車、衣服到咖啡廳，例子簡直不勝枚舉。你不需要別人指派這項任務，事實上，每一位成功創業家都自然而然地做了這樣的事，他們無論在家裡、在辦公室、在雜貨店、在搭機時、在海灘上、在診所或在棒球場上都經常注意周遭的一切，並發現各種解決問題、彌補漏洞的機會。

設計皮夾的練習把焦點放在產品設計上，而你可以用同樣的觀點，重新思考服務、經驗和組織架構。史丹佛設計學院教學小組設計的教案讓學生重新思考過去的種種經驗，從美國的小學教育、印度鄉村的農作物灌溉到創新組織的管理。如果你研究每一種情況時都刻意尋找可以改進之處，你就會找到無窮的機會。接下來，究竟是否要接下挑戰、解決問題，完全是你自己的決定了。

想中樂透，請先買彩票

有的人非常善於承擔挑戰、扮演領導角色，在這方面，我從葛爾騰羅斯可夫公司（Garten Rothkoph）執行長羅斯可夫（David Rothkopf）身上學到很多。葛爾騰羅斯可夫公司是美國華府的國際顧問公司，而羅斯可夫的著作《超級菁英》（*Superclass*）探討的是世界上擁有非比尋常的影響力和權力的一群人。羅斯可夫深入研究這個領導人的小圈圈，他們每年一度在瑞士達沃斯舉行的世界經濟論壇共聚一堂，互相交流。我問羅斯可夫，這些人和我們究竟有什麼不同。他提到許多人在本書提到的事情：爬到高位的人比周遭的人更努力、精力更充沛、背後的驅動力更強。他注意到，過去在金字塔尖端的這群人是靠家族庇蔭而繼承了龐大的財富和人脈，今天卻不然。今天大多數成就非凡的人都是靠自己的力量而成功，這表示通往成功的最大阻礙也在自己身上。所以羅斯可夫推論：「成就非凡者最大的盟友就是其他人的怠惰無為。」

事實上，羅斯可夫自己就展現了這些特質，他不會坐等其他人給他機會，而會主動掌握機會。他創立的第一家公司叫做國際媒體夥伴（International Media Partners），其中一項業務是為企業界的頂尖執行長舉辦研討會。因此他們立刻面臨一個問題，如何讓這些位高權重、難以捉摸的企業界高官共聚一堂？羅斯可夫和合夥人需要一個吸引人的誘餌，於是他們決定，如果能邀請美國前國務卿季辛吉（Henry Kissinger）來演講，應該可以奏效。但是，怎麼樣才能讓季辛吉願意參與研討會呢？羅斯可夫找到季辛吉辦公室的聯絡方式，詢問季辛吉的幕僚，是否有可能邀請他來演講。沒問題……可是演講費高達五萬美元，還需要一架私人飛機和兩名飛行員，以及配有專屬司機的豪華轎車。羅斯可夫的團隊阮囊羞澀，任何數字對他們而言都是天文數字……但是他說：「好，就這麼辦。」他認為只要有辦法讓季辛吉出席，其他的問題就會迎刃而解——結果也確實如此！季辛吉接受邀請之後，他們又設法邀請到雷根總統時代的國務卿海格（Alexander Haig）、卡特總統時代的國務卿穆斯基（Edmund Muskie），以及其他一長串知名講者。有了這個耀眼的名單，企業執行長蜂擁而至，他們也成功找到贊助者負擔所有的演講費。雖然羅斯可夫不認識季辛吉，公司也沒什麼錢，但在他眼中，這些都不是障礙。他之所以成功，是因為善用自己擁有的財富——他幹勁十足，願意努力工作，還有一股非達成目標不可的強烈驅動力。

故事便從這裡展開。羅斯可夫在國際媒體夥伴公司的合夥人葛爾騰（Jeffrey Garten）後來成為柯林頓政府的第一任商務部次長，他邀請羅斯可夫擔任他的副手，負責國際貿易事務。這似乎是個令人垂涎的好差事，辦公室很大，還有一大群幕僚。然而，羅斯可夫上任兩個星期就走進葛爾騰的辦公室，遞出辭呈。羅斯可夫沒辦法忍受官僚組織，每一件事都慢如牛步，而他卻是個急性子，總是迫不及待要完成一些事情。葛爾騰找羅斯可夫到外面散散步，告訴他以下的笑話：

我們周遭隨時都有很多等待被挖掘利用的機會，不要總是坐等別人的邀請，對身邊的機會視而不見，而應該要主動掌握機會。

從前有個人名叫高德寶，他一輩子最渴望的就是當個有錢人。他每天都去教堂禱告，祈求上帝讓他中樂透彩。如此日復一日、月復一月、年復一年，但高德寶從來不曾中獎。最後，高德寶無計可施，他向上帝禱告說：「你真的太令我失望了。」突然之間，上帝打破沉默，聲若洪鐘地回答：「高德寶，你一定得幫幫我，你至少可以買一張樂透彩票吧！」

葛爾騰提醒羅斯可夫的是他原本就知道的事情：如果他自己不肯全心投入，就沒辦法在華府「中樂透彩」，沒有人會把成功的工具奉送到他手上。所以羅斯可夫回到辦公室，發揮自己天生本領，設法推動事情，而不是坐等別人帶著作戰計畫出現。他很快明白，周遭有無數缺口等著填補，而他手上有龐大的資源可以運用。這個故事有個美好的結局，羅斯可夫離開美國商務部幾年後，成為季辛吉顧問公司（Kissinger Associates, Inc.）的總經理。他初出茅廬時，只是個夢想能親眼見到季辛吉的新人，最後卻加入季辛吉的公司，成為他的工作夥伴。

羅斯可夫為了寫書而做研究時，見到同樣的情節在其他人的人生中不斷上演。成功的人都能設法讓自己成功。成功沒有任何祕方或萬靈丹，他研究的每個人的成功故事都像指紋一般獨特，但共同點是他們都很注意當前趨勢，同時懂得運用自己的能力來建立影響力。他們設法改變歷史，而不是等待歷史改變他們。

如果你想成為領導人，那麼就主動去擔當領導人的角色。環顧四周，尋找組織裡的缺口，爭取你想要的職位，設法運用你的能力和經驗，願意踏出第一步，超越過去的成就。我們周遭隨時都有很多等待被挖掘利用的機會，不要總是坐等別人的邀請，對身邊的機會視而不見，而應該要主動掌握機會。成功需要努力、幹勁和強烈的驅動力，這些都是寶貴的資產，都是令成功的領導人有別於千千萬萬等待別人提拔的凡夫俗子。

05 矽谷的祕密醬汁

寫下你的失敗履歷表

被蘋果開除，
可能是我這輩子碰到最棒的一件事。
我可以拋開成功的重擔，再度輕鬆當個
每件事都不是那麼有把握的新人。
我因此有充分的自由，
展開我一生中創造力最豐富的一段時光。

——蘋果電腦創辦人賈伯斯

我要求學生寫一份失敗履歷表，也就是草擬一份履歷表，裡面列出他們最重大的失敗經驗——無論是個人生活、學業上或職場上的失敗都好。針對每一次失敗，學生必須描述他們從失敗中學到的教訓。

你可以想像我宣布作業時，學生臉上驚訝的表情，因為他們太習慣宣揚自己的輝煌事蹟了。不過在完成失敗履歷表後，他們都領悟到，以失敗的眼光重新審視自己的經驗，會迫使他們面對過程中犯過的錯誤。事實上，多年後，很多當年的學生在傳統的成功履歷表上添增最新資料時，仍然會順便更新自己的失敗履歷表。

這個作業其實是借用了賓州州立大學教授凱森威瑟（Liz Kisenwether）的點子。我第一次聽到這個點子就覺得很棒，這個法子很快就可以讓學生了解，失敗其實是學習過程中很重要的一部分，當你正在拓展自己的能力、初次嘗試某件事或承擔風險的時候尤其如此。我們雇用一個人不只看他們的成功經驗，也會評估他們的失敗經驗，因為失敗提供學習的機會，失敗以後，你不會重蹈覆轍的機率也因此提高許多。失敗通常也顯示你勇於迎接挑戰，開發自己的潛能。事實上，許多成功人士都認為，如

許多成功人士都認為，如果你從來沒有失敗過，就表示你承擔的風險還不夠。

果你從來沒有失敗過，就表示你承擔的風險還不夠。在我教過的學生驅策下，我決定在本章列出自己的失敗簡歷，讓大家看看我犯過哪些嚴重的錯誤。真希望過去三十年來我曾經不斷更新這份履歷，這樣一來就能重新審視早就被我拋到九霄雲外的種種錯誤，並從中學習。

婷娜．希莉格

職場上的失敗

不夠注意：我初出茅廬的時候，天真地以為自己很了解組織運作方式，並對公司文化妄下錯誤的評斷。但願我當初能多花一點時間注意周遭的一切，少花一點時間自以為是地妄加揣測。

太早放棄：我自行創業以後，很快就踢到鐵板。無論在技術方面或組織運作上，我都遭遇極大的困難，必須花費很大的力氣才能找到解決辦法。但願我當時更有自信一點，能全力以赴，找出解決辦法。

學業上的失敗

沒有盡最大努力：我在大一和大二的時候，並沒有把全副心力放在課業上，錯過了大好機會，沒能學到這幾門課的精華，而機會一去就不再復返。

人際關係管理：我攻讀博士學位時，和指導教授關係緊張。我希望多花一些時間教書，而她覺得我應該花最多的時間待在實驗室做研究。但願我當時能找出法子協調我們兩人的目標。

個人的失敗

避免衝突：我在大學時代曾經交過一個男友，快要畢業的時候，我倆對於接下來要怎麼走下去面臨很大的壓力，結果就這樣吹了，而沒有直接面對問題。但願我當年能和他開誠布公地討論當時的情況。

沒有聽從自己的直覺：我叔叔在紐約過世了。我當時住在加州，好幾個人都勸我不要大老遠飛去參加喪禮。我後來一直覺得很後悔。我學到的教訓是，有些事情是你永遠也無法釋懷的，在這樣的情況下，我應該做自己認為對的事情，不一定要照著其他人的期望去做。

世界上各國對於冒險的意願和面對失敗的反應可說南轅北轍。在有些文化中，失敗要付出極大的代價，以至於很多人根本不願意冒險。在這類文化中，無論哪種類型的失敗都會帶來恥辱，因此年輕人學會照著既定的人生軌道前進，追求明確的成功機率，不願意嘗試任何可能帶來失望和挫敗的事情。在有些地方，例如泰國，一再失敗的人甚至可能藉著改名來改運，希望人生能重新開始。事實上，在二〇〇八年奧運會中，泰國舉重選手就把她的勝利歸功於賽前改名。

全球創業觀察組織定期發布詳細的年度報告，分析世界各地的創業活動，並觀察世界各國在冒險和面對失敗上的文化差異，結果發現有一些重要因素影響每個社會對風險的態度。比方說，在某些國家（例如瑞典）由於破產法的設計，一旦公司關門大吉，就永遠不可能擺脫負債的命運；許多人了解失敗會為自己和家人帶來可怕的長期後果，根本從一開始就不想創業。其他一些國家的文化對失敗者也毫不留情，一旦失敗，你的朋友、鄰居和同事從此視你為失敗者。最近《華爾街日報》有一篇文章，描述包括西班牙在內許多國家討債者採取的羞辱策略，討債者身穿奇裝異服造訪欠債的人，目的是引起鄰居注意，藉此羞辱欠錢的人。在這樣的社會裡，誰會願意甘冒在大庭廣眾遭受嘲弄羞辱的危險、承擔不必要的風險呢？

美國矽谷的情況則恰好相反。在矽谷，失敗被視為創新過程的必經階段。德豐傑創投公司（Draper Fisher Jurvetson）合夥人傑魏特森（Steve Jurvetson）形容失敗是矽谷的祕密醬汁，而KPCB創投公司的高米沙則表示，能夠視失敗為資產，是所有創業環境必備的特色。他還說，當他看到從來不曾失敗的人時，總是很好奇，他們究竟從過去的經驗學到什麼。

所有的學習都來自失敗

基本上，所有的學習都來自失敗。看看嬰兒學步好了，嬰兒先從會爬開始，經過

最有效的學習不只來自於成功的經驗，也來自於體驗失敗。

無數次跌倒後，才能將大人視為理所當然的走路技巧練習得很好。在小孩成長過程中，每次學一樣新本事，無論打棒球時把球接住或做代數題目，都是透過同樣的方法來學習，經過不斷嘗試，直到終於成功。我們不會期望孩子第一次嘗試就能把每一件事做到盡善盡美，所以也不應該期望承擔複雜任務的人第一次就做對。

我認為最有效的學習不只來自於成功的經驗，也來自於體驗失敗。而且如果不親自嘗試，過程中不斷試驗，不可避免地經歷多次失敗，然後重新振作、再起爐灶，你幾乎不可能學到任何東西。你不可能單靠閱讀足球規則就學會踢足球，也不可能單靠研究樂譜就學會彈鋼琴，更不可能單看食譜就學會煮菜。還記得我在研究所攻讀神經科學的時候，我選修了好幾門課，「學習」神經生理學的原則。雖然筆試都過關，但直到進入實驗室，在顯微鏡下解剖神經，用小小的電極刺激神經，親手轉動示波器上的刻度盤時，我才充分理解在書上學到的觀念。同樣的，你想讀多少本關於領導力的書就儘管去讀，但在親身經歷真正的領導人所面對的挑戰前，你都還沒有做好準備。

我和史丹佛大學的管理科學與工程教授拜爾斯（Tom Byers）共同主持的梅費爾德計畫（Mayfield Fellows Program）就給學生這樣的機會。在為期九個月的課程中，我們在第一季的課堂上，透過案例研究對創業做深入介紹；接下來的暑假，他們會實際到新創公司工作。他們在企業中承擔重要職務，並由公司的高階主管密切督導，從親身體驗來了解企業面對的高風險、在資訊不充分的情況下做決策的壓力，以及領導人在不斷變動的環境中面對的挑戰。在密集的暑期實習經驗後，學生回到課堂上，以十個星期的時間聆聽同學報告他們在企業實習過程中的觀察，每一堂課都有一名學生帶領大家討論實習期間在企業發生的某個重要議題。

參與梅費爾德計畫的學生洞悉在變動環境中經營快速發展的企業所代表的意義。他們觀察這些公司如何辛苦地因應各種問題，包括資金快要用完、高階經營團隊變動和改組、如何讓尖端科技發揮功效，還有和大公司競爭的巨大壓力。暑假結束時，學生都明白，在未來一、兩年內，他們曾經工作過的公司只有幾家可以繼續存活下去。雖然經營團隊都很出色、也非常努力，但許多公司終將難逃失敗的命運。

基本上，創投公司資助的公司大多數都失敗，可以說整個創投業都是在投資於「失敗」。其他產業的成功率也差不多，包括玩具業、電影業和出版業在內。就以出版業為例吧，根據尼爾森圖書調查公司（Nielsen Bookscan）的統計，二〇〇四年在美國市場上銷售的一百二十萬種圖書中，只有二萬五千種或二%的圖書銷量超過五千冊，而且每本書的平均銷量還不到五百冊。在書市中，你幾乎不可能預測哪一本書會熱賣，結果出版商只好繼續出版各種不同的書，希望新書本本成功，但也心知肚明，其中只有一小部分能登上暢銷書排行榜。

出版商、玩具製造商、電影製片人和創投家都明白，通往成功的路途上布滿失敗的軌跡。

避免「無法放棄症候群」

創業家伊姆仁（Mir Imran）曾經創立幾十家公司，甚至在同一段時間創立好幾家公司。由於在大多數的行業中，新公司大半都失敗，相較之下，他的成功率就顯得非常驚人了。別人問他何以成功率這麼高，伊姆仁承認，關鍵就在於及早扼殺不太可能成功的計畫。他用一套嚴苛的程序來淘汰成功機率不高的創業計畫，把多出的時間和精力用在成功希望較濃的計畫，並幫助這些公司達成目標。在新事業創辦前的起步階段，他就運用嚴格的紀律和深入的分析，提高公司長期欣欣向榮的可能性。

雖然決定放棄某個計畫一定非常困難，但是在創業初期，尚未投入大量的時間和心力時就決定放棄還是容易得多。我們人生中許多不同的層面也都是如此，無論是工作、股票投資或者任何一種人際關係。達文西曾經說過：「在開始的時候拒絕，總是比到了最後才拒絕容易許多。」組織行為專家蘇頓（Bob Sutton）在他的著作《拒絕混蛋守則》（*The No Asshole Rule*）詳細說明了這條「達文西原則」，他在書中談到一旦發現工作不適合自己就該辭職時說到：

雖然多數人都知道做決定時不該考慮沉沒成本，但「因為投入太多以至於無法放棄」症候群仍然是人類行為背後的一大驅動力。為了將投入的大量時間、心力和受到的折磨合理化，我們年復一年繼續投入，同時告訴自己、也告訴別人，這件事情一定有一些價值，否則我們不會耗費這麼多時間和心力在上面。

有時候，放棄是最勇敢的選擇，因為你必須面對失敗，而且公開承認失敗，才能放棄。放棄之後，你就可以像一張白紙般重新開始。

「放棄」事實上也能激發驚人的力量。放棄能提醒你：一切操之在我，想什麼時候離開都可以。你不需要變成看守自己的警衛，非把自己鎖在一個不適合的地方不可。但這不表示放棄是一件容易的事。我曾經辭掉不適合的工作、放棄失敗的計畫，但是每一次都非常困難才辦到。我們從小學到的觀念都是放棄就是示弱，其實在很多情況下恰好相反。有時候，放棄是最勇敢的選擇，因為你必須面對失敗，而且公開承認失敗，才能放棄。好消息是，放棄之後，你就可以像一張白紙般重新開始。如果你肯花時間思考中間發生了什麼事，放棄更是無價的學習經驗。

當高米沙辭掉克萊里斯公司（Claris）的副總裁職位時，他覺得自己很失敗；克萊里斯是從蘋果公司分割出來的電腦軟體公司。高米沙很清楚自己想做什麼，當他看清楚在克萊里斯絕對無法達成自己的目標時，他選擇離開。由於高米沙的「失敗」這件事眾所周知，因此受到的打擊也很大。不過他很快就明白，放棄這份工作讓他有機會重新審視，自己到底對什麼事情懷抱最大的熱情，並決定應該如何發揮所長。比方說，顯然他在克萊里斯的工作之所以如此不愉快，是因為他對產品或自己的工作內容毫無熱情。他喜歡以宏觀的思考來擘畫公司藍圖，對例行的管理工作則興趣缺缺。

所以，當某家新公司邀請高米沙擔任執行長時，他反而建議，讓他和執行長一起為公司設定方向。這樣一來，他為自己設計了一個新角色——「虛擬執行長」，後來他就以這樣的方式參與了數十家公司的經營，而且很多是同時進行。他扮演教練、「迴響板」（sounding board，讓你聽到自己的迴音）和顧問的角色，卻不需要承擔日常營運的責任，不管對他或公司而言，這都是最好的安排。高米沙表示：「這次失敗的經驗，讓我更懂得把熱情放在周遭見到的機會上。」

究竟什麼時候該罷手？

這件事提醒我們，知道什麼時候該放手非常重要。你必須曉得什麼時候該停止嘗試根本行不通的構想，什麼時候應該向前看，開始嘗試新計畫。

事實上，轉敗為勝的方法有很多。關於如何把嚴重的挫敗轉變為一大勝利，有個故事我一直很難忘懷，故事發生在一次創新大賽中，參賽學生必須在五天內為橡皮圈創造最大的價值。其中一個團隊決定創造一棵「許願樹」。他們在校園中心的書店對面找到一棵樹，用鐵絲網把樹圍起來，然後用橡皮圈把字條繫在鐵絲網上。他們的構想是，任何經過這棵樹的人都可以把自己的願望繫在許願樹上。可惜根本無人問津。

為了營造氣勢，他們開始把自己的願望繫在樹上，但沒什麼效果。於是他們更積極宣傳，主動邀請路過的人寫下自己的心願，效果依然有限。更令他們沮喪的是，十五公尺外有另外一組在進行一個類似的計畫，但吸引很多人注意。另外一組用許多大橡皮圈做了一個巨大的網，邀請學生在網上懸掛他們的祕密。所以，橡皮圈編織的大網上掛滿幾百張色彩鮮豔的紙片，每張紙上都藏著不同的祕密。紙片在微風中飄揚，和附近那棵空蕩蕩的許願樹形成鮮明的對比。

許願樹小組決定承認失敗，但並沒有就此罷手。他們製作了三分鐘的動人影片，記錄這次失敗的經驗，希望盡可能汲取失敗的教訓。他們在影片中描述自己如何嘗試各種方法，想讓許願樹成功，同時將他們的失敗經驗和另外一組成功的「祕密網」相比較。他們大張旗鼓地宣揚自己的失敗，並針對「許願」和「分享祕密」吸引人的程度做分析，說明他們學到的教訓。他們也表明這只是一小步而已，之後他們還會不斷發想新點子。

即使很出色的構想，都需要付出龐大的心力才能成功，因此，困難的是知道什麼時候應該繼續鑽研某個問題、希望出現突破，什麼時候又應該放棄。我們都知道持之以恆是值得讚賞的美德，但什麼時候繼續堅持下去、明知不可為而為之反而會變成愚蠢的行為呢？維基（Wikia）執行長潘奇納（Gil Penchina）很貼切地描述這種兩難困境：「如果你把汽油淋在木頭上，頂多把木頭弄溼罷了，可是如果把汽油淋在火苗上，轉眼就是煉獄。」換句話說，很重要的是，你必須知道花費了這麼大的心力，究竟有沒有可能回收。這是人生最艱鉅的挑戰之一。我們經常陷在死胡同裡面太久。當公司投資於注定失敗的產品或計畫，或某個人死守著不愉快的工作或執著於痛苦的感情、一心指望情況會有所改善，都是同樣的情形。

所以究竟怎麼樣才知道何時該罷手呢？這是個深奧的哲學問題。要分清楚你促成某件事的渴望和這件事的成功機率有多大落差，絕對是一大挑戰。當然，你愈投入某個計畫，計畫就愈可能成功。但有時候無論投下多少時間、金錢或汗水，辛苦耕耘後卻不見得能享受到甜美的果實。我能找到的最科學的答案是：相信自己的直覺，檢

相信自己的直覺，檢視你擁有的各種選擇。基本上，你必須誠實面對自己。

視你擁有的各種選擇。基本上，你必須誠實面對自己。你有足夠的毅力，鍥而不舍地克服眼前的問題，直到成功為止嗎？還是你最好改走另外一條路？

退場的藝術

所以，放棄是很困難的事情，但是放棄後能夠漂亮的退場則更困難。我曾經看過很優雅的退場身手，也看過有人退場的姿態太過難看，留下不好的印象。我們將在第八章詳細討論，你一生中可能在完全沒有料到的情況下一再碰到同一個人，單單這點就足以提醒我們，退場時必須深思這件事對周遭的人可能帶來的後果。除了顧及日後可能帶來的影響之外，原本就應該優雅地退場，絕對不應該因為自己放棄而傷害到同事、朋友或過去的公司。

有一位同事曾向我描述，他有個非常能幹的助理退場的經過。他給助理打很高的考績分數，還花很多時間和她討論留在部門內的生涯發展。助理從一開始就說得很清楚，她希望終究能轉到其他領域工作，而我同事也很支持她的想法。事實上，他還告訴她，只要她需要，他隨時都很樂意寫推薦函。在這樣的前提下，這位助理有一天進辦公室提出辭呈，打算兩個星期後就離職，讓我的同事非常錯愕。當時他們正在進行一個大專案，截止日期是三個星期之後，而她打算在專案結案前一個星期離職，讓整個團隊陷入非常困難的處境。我的同事問過她好幾次，是否考慮再多待一星期，幫助他完成專案，因為這個案子直接牽涉到幾十位同事，間接參與的人更高達幾千人。她卻拒絕了，只說：「我知道無論我什麼時候離開，你都會不高興，所以我決定做我想做的事情。」我的同事覺得好像挨了一記悶棍。在專案結案前一星期，幾乎不可能找到人來取代她留下的空缺，每個人只好不眠不休地工作，試圖填補這部分工作。日後，所有和她共事過的人都會記得她的決定，雖然她在共事期間表現出色，但是過去幾年的優異表現，完全無法彌補她在離職前幾個星期對自己的聲譽造成的傷害。

但我也看過其他人辭職時表現出非凡的格調。即使他們因為工作不適合而離開，然而退場時的優雅身影給其他人留下很好的印象，因此每個相關人士日後都很樂意為他們說好話。他們辭職時會給公司足夠時間來填補空缺，並花時間把工作安排就緒，所以任何人來接他們的工作都很容易上手，他們甚至提議協助工作交接事宜。這些人可說是職場英雄。他們深諳退場的藝術，運用自己的能力，把原本負面的情境轉為正面的經驗。

迎接不可避免的失敗

所以，你要如何為不可避免的失敗做好準備呢？從事創意工作的人都知道，失敗是創作過程中必經之路，因此有充分的心理準備面對失敗。

每當一切太過順利時，曾開發個人數位助理、後來創辦 Palm Pilot 的霍金斯就開始擔心了，因為他覺得失敗一定躲在角落悄悄等著他。他經營 Handspring 公司的時候，推出新的個人數位助理 Visor 的過程非常順利，但霍金斯一直警告他的團隊，一定會出現一些狀況，結果也真的發生了。第一個產品推出幾天內，出貨數量就高達十萬台，成績非常耀眼，然而整個帳務和出貨系統出了問題，有的顧客沒有收到訂購的產品，有的顧客收到的產品數量卻是他們訂購量的三、四倍，簡直是一場大災難，尤其 Handspring 還是一家剛開始建立名聲的新公司。那麼，他們該怎麼辦呢？包括霍金斯在內，所有人都辛苦地設法補救，他們一一打電話給所有顧客，詢問每位顧客訂購了什麼產品、是否收到產品、收到的帳單數字對不對，如果發現任何問題就立刻改正。重點在於，霍金斯早就知道一定有什麼地方出錯，他不確定問題是什麼，但已經做好充分準備，隨時因應突如其來的狀況。他從過去的經驗學到，失敗是不可避免的，成功的關鍵不是閃避每一顆子彈，而是遭到打擊後能迅速復原。

我和成功人物談話時，常聽到他們反覆提到同樣的事情。他們願意嘗試很多事情，很有把握其中某些嘗試將帶來豐碩的成果，不過也體認到一路上會有很多坑坑洞洞。其實，面對大大小小的挑戰都可以採取這樣的態度。就以下面這個朋友告訴我的故事為例：有個傢伙在女人面前非常吃得開，但他並非特別迷人、有趣、聰明或吸引人，所以大家都百思不解。有一天，我朋友問他為什麼生命中總是不停地有女人投懷送抱，他透露祕訣其實很簡單，每次碰到吸引他的女人時，都約她們出遊，而其中總有幾個人答應和他約會。他願意面對很多次拒絕，以換取少數幾次成功的機會。這個故事提供了一個最簡單的教訓：如果你勇敢跨出去多方嘗試，總比在家坐等電話鈴響的成功機會大得多。

成功的關鍵不是閃避每一顆子彈，而是遭到打擊後能迅速復原。

這個故事和家父給我的忠告不謀而合：嘎嘎作響的輪子雖然不見得能改變結果，卻會讓你早一點知道結果。不要坐等永遠也不會來的「YES」，早一點知道結果總比晚知道好，至少你可以把心力放在比較可能成功的機會上。不管是找工作、籌募創業資金、尋找約會對象或其他任何嘗試，道理都一樣。如果你不斷衝撞極限，而且不怕失敗，最後很可能會成功。

這些故事突顯了一個重點：成功的事業發展並非一條直線，而是如波浪般起起伏伏。eBay 的迪爾林用一個簡單的圖形充分描繪出典型的生涯發展路徑。座標上，橫軸代表時間，縱軸代表成功。大多數人都以為他們應該沿著一條筆直的成功路線，不斷往右上方前進，但這個想法既不實際、也太過狹隘了。事實上，如果你注意看大多數成功人士的生涯發展，中間總是有高低起伏，然而如果把時間拉長來看，那條線基本上仍然朝著右上方移動。當你走下坡時，有時很難看清楚暫時的沉潛其實是為下一次出發做準備。事實上，事業發展曲線下滑後再度往上時，往往坡度更加陡峭，這表示達到的成就確實遠高於你一直沿著既定軌道平順發展時的成就。

巴爾茲（Carol Bartz）是歐特克公司（Autodesk）的前執行長和雅虎的新任執行

長，她對於成功的生涯發展路線有一個絕佳的比喻。她認為你應該將事業發展看成是繞著三維立體的金字塔往上爬，而不是順著二維平面的梯子往上爬。沿著金字塔的側面走時，你可以累積基本經驗。表面上看來，也許你往上爬的速度不快，但其實在累積鞏固技術和經驗，這些對於你日後的發展有非常寶貴的價值。

關於生涯發展不可預測的本質，我最喜歡的是賈伯斯（Steve Jobs）的故事。賈伯斯是蘋果電腦和皮克斯動畫公司（Pixar）的創辦人，他的成功故事早已成為當代傳奇，不過他有許多成功的經驗都來自於失敗。二〇〇五年他對史丹佛大學畢業生發表演講時，非常生動地描繪了這些故事：

我們剛發表了最好的作品——麥金塔電腦，而且比預定時間提早一年，我也剛過完三十歲生日。然後，我就被炒魷魚了。你怎麼可能被一家你創辦的公司解雇呢？事情是這樣的，隨著蘋果公司日益茁壯，我們聘請了一位才華洋溢的人和我一起經營公司，第一年一切都很順利。但接下來，我們對未來所抱持的願景出現分

成功的事業發展並非一條直線，而是如波浪般起起伏伏。

歧，後來還大吵一架。我們鬧翻以後，董事會決定站在他那一邊，所以剛滿三十歲的我被判出局，而且是在眾目睽睽下出局。成年以後占據我整個生活重心的事業就此消失不見，我受到很大的打擊。

有好幾個月，我完全不知道該怎麼辦。我覺得我辜負了上一代創業家的期望，他們交棒給我，我卻把棒子掉到地上。我去拜訪普克（David Packard，惠普公司創辦人）及諾宜斯（Bob Noyce，英特爾公司創辦人），向他們道歉，因為我把事情搞砸了。由於我在矽谷是備受矚目的公眾人物，所以甚至想過要逃離矽谷。但是我慢慢省悟到，我仍然熱愛自己過去所做的事情，即使經歷了在蘋果公司的挫敗，情形仍然沒有絲毫改變。雖然遭到拒絕，我的愛好依然堅定。所以，我決定重新開始。

雖然當時我不明白，不過結果證明，被蘋果公司開除可能是我這輩子碰到最棒的一件事。我可以拋開成功的重擔，再度輕鬆當個每件事都不是那麼有把握的新人。我因此有充分的自由，展開一生中創造力最豐富的一段時光。

接下來五年中，我創辦了一家叫 NeXT 的公司，還有一家叫皮克斯的公司，我愛上了一個不可思議的女人，並娶她為妻。皮克斯後來創作出全世界第一部電腦動畫長片《玩具總動員》（*Toy Story*），現在是全球最成功的動畫製片廠。後來事情出現驚人的轉折，蘋果電腦買下 NeXT，我回到蘋果公司，而我們在 NeXT 開發的技術，現在成為蘋果公司踏上復興之路的核心技術，我和蘿琳也建立了一個美滿的家庭。

我很確定，如果當年蘋果公司沒有把我解雇，上述的事情沒有一件會發生。這是一帖苦得不得了的藥，但我想生病的人真的需要這帖良藥。有時候，人生就是需要來個當頭棒喝，才能把你敲醒。

許多人一再傳誦這個故事。基本上，大多數人的人生軌道都滿布著大大小小的失敗，關鍵在於你有沒有能力從失敗中站起來。對大多數的成功人士來說，人生的谷底布滿了許多小石頭，而不是一大片水泥地。當他們撞到谷底時，會先稍稍下沉，接著就反彈回去，把衝擊力轉化為好好掌握其他機會的驅動力。

美國捷藍航空公司（JetBlue）創辦人尼爾曼（David Neeleman）就是個好例子。尼爾曼最初創辦了莫里斯航空公司（Morris Air），公司快速成長，業務蒸蒸日上，他

被蘋果公司開除可能是我這輩子碰到最棒的一件事。
我可以拋開成功的重擔，再度輕鬆當個每件事都不是那麼有把握的新人。

後來把公司以一億三千萬美元的價錢賣給西南航空公司（Southwest Airlines），自己也變成西南航空的員工。可是這樣的情形只維持了五個月，尼爾曼就被掃地出門。尼爾曼說，他在那裡上班覺得很痛苦，而他們也被他搞得快抓狂了，但由於合約上有五年的競業禁止條款，在這段期間內，他不能創辦新的航空公司；對他而言，等待五年就好像一輩子那麼長。然而花了一段時間調整失業的心情後，尼爾曼決定把這幾年用來計畫下一次的航空新事業。他把公司的所有細節徹底思考一遍，包括公司的價值、完整的顧客經驗、應該雇用哪一種員工，以及員工訓練和員工薪酬制度的種種細節。尼爾曼說，被公司開除和必須等候一段時間才能創辦另一家航空公司，是他這輩子碰過最棒的一件事。等到禁止競業的時間結束後，他已經準備好再次出擊。尼爾曼和賈伯斯一樣，能把看似悲慘的困境轉變為極具建設性和創造力的時期。

當然，失敗一點也不好玩。如果能向全世界描述我們成功的經驗，肯定會有趣多了。但失敗底下其實隱藏了不可思議的大好機會，失敗會比持續的成功更能迫使我們重新評估目標和優先順序，推動我們更快速進步。

獎勵「聰明」的失敗

然而，太安於失敗也有風險。大力讚頌失敗的人是否也注定會失敗？

想像一下，如果公司「本月員工」的照片上展示的是本月犯最多錯誤的員工，會怎麼樣呢？不過，蘇頓在《11 1/2 逆向管理》（*Weird Ideas That Work*）書中指出，如果公司只獎勵成功，由於員工不願意冒險，可能會扼殺創新的動力。蘇頓建議組織考慮不只獎勵成功，也獎勵失敗，但懲罰怠惰無為。這樣一來將鼓勵員工不斷嘗試，比較可能帶來超乎預期的有趣成果。

> 我並不是說，貴公司應該獎勵愚蠢、懶惰或無能的員工，我的意思是，你應該獎勵聰明的失敗，而非愚蠢的失敗。如果你想要組織展現豐富的創造力，那麼怠惰無為是最糟糕的失敗方式……創造力乃是從行動中產生，而不是來自於無所作為。

蘇頓還表示，有強力的證據顯示，每個人成功和失敗的比率其實一樣。所以如果

怠惰無為是最糟糕的失敗方式……創造力乃是從行動中產生，而不是來自於無所作為。

你想要有更多的成功，就必須容忍更多的失敗。失敗與成功是一體的兩面，你不能只想要成功，而不要失敗。

史丹佛設計學院很強調必須冒大風險才能有大收穫。他們鼓勵學生，即使計畫不成功的機率很高，也要胸懷大志，因此特別獎勵壯烈的失敗。我們告訴學生，寧可轟轟烈烈的失敗，也不要平凡無奇的成功。史丹佛工學院院長浦朗墨（Jim Plummer）就抱持這樣的理念，他告訴博士班學生，他們應該挑選只有二〇％成功率的論文題目。有的學生聽了以後非常沮喪，以為這表示他們得做五個不同的專題，才有辦法完成博士論文。其實恰好相反，設計實驗時，應該設法從失敗的實驗獲得充足的資訊，一旦實驗成功就能創造出重大的突破。完全可以料到會有什麼結果、漸進式的小實驗所創造的價值，當然遠不如冒大風險、但可能得到大收穫的計畫。

安於失敗、並放棄行不通的計畫，可能會產生太早放棄的風險。3M的利貼就是經典的例子，利貼一開始只是不夠黏的膠水，後來卻變成幾十億美元的大生意。一九六八年，席爾佛（Spencer Silver）發明了這種「低黏性」的膠水，並且在3M內部推銷，但是沒有人感興趣。直到一九七四年，同事佛萊（Art Fry）想到在教堂唱詩時，可以用這種不合格的膠水把書籤固定住，於是他利用空閒時間設計這個今天稱為「利貼」的產品。六年後，3M才在美國各地推出這個產品。今天，3M在全球一百多個國家銷售多達六百多種利貼產品。想想看，如果3M的工程師沒有看出這個「失敗」產品的潛力，他們將失去多大的商機！在前面討論過的課程中，學生正是抱著這樣的心態做專題，把爛點子轉變為很棒的構想。

成敗一線間

我們經常走在成功和失敗的邊緣，看不清楚最後會落在何處。在餐廳、高科技公司、甚至運動等高風險新事業中，這種不確定性更加嚴重，成敗之別幾乎只在一線間。就以環法自行車賽為例，即使在陡峭和蜿蜒的山路上上下下騎了幾天之後，贏家和輸家的差距可能只有幾秒而已。有時候只要稍微加把勁，就能反敗為勝。

有的公司非常善於從別人放棄的產品中找到價值。Google產品開發部門主管梅爾（Marissa Mayer）表示，很重要的是不要太早扼殺計畫，而要改造計畫。換句話說，弄清楚哪些部分成效極佳、哪些部分需要修正，而不要扼殺整個計畫。梅爾相信，任何專案（即使是看似行不通的計畫）一定都有可取之處。

Google 和其他網路公司都仰賴「A－B」測試方法，也就是說，他們會同時推出兩種軟體版本，然後很快從回饋的意見中得知哪一種方式比較成功。這些公司發現，他們只要做一些小小的修正，例如改變按鈕的顏色、在某個訊息上增加一、兩個字或移動圖像的位置，就能大幅改變顧客對產品的觀感。有的網路公司在一天之內為同一種產品推出幾十種不同的版本，顧客使用每一種版本的經驗都會有些微差異，因此他們能評估顧客對不同版本的反應。

兩名史丹佛畢業生賽伯特（Jeff Seibert）和洛克哈特（Kimber Lockhart）就不斷採用這個方法。GetBackboard.com 網站專門蒐集上網者對文件的反應。他們不斷在網站上拿不同的「促使採取行動」訊息來做實驗，並追蹤哪種方式的效果最佳。當網頁出現一個綠色按鈕，上面說「今天就建立帳戶」時，會有八%的人申請帳號；如果把訊息改為「輕鬆快速申請帳戶」，反應率提升到十一%；當訊息改為「三十天免費試用」時，反應率遽升至十四%。這類試驗可以將失敗轉化為成功，讓成功更加成功。

你願意承擔哪一種風險？

要嘗試新事物，首先必須願意冒險。不過，冒險可不是一翻兩瞪眼的事情。我敢說，你往往會願意承擔某些類型的風險，但又會對其他類型的風險感到不安。你甚至看不出某些風險其實是可以安心承擔的（雖然還是有風險），反而把焦點放在令你焦慮不安的事情上，並誇大這些事情的風險性。比方說，你可能很喜歡以閃電般的速度從滑雪坡道飛躍而下，或玩高空跳傘，不認為這些活動有任何風險，那麼你對於身體將承擔的巨大風險可說視而不見。至於像我這種不喜歡高風險運動的人，就寧可待在滑雪小木屋中啜飲熱巧克力，或在飛機上綁緊安全帶、穩穩坐在位子上，而不會穿上滑雪靴或綁著降落傘。另一方面，你或許可以輕鬆自在地面對社交風險，例如對滿堂聽眾發表演說。在我眼中，這件事沒有絲毫風險，然而對有些人而言，或許他們寧可高空跳傘，也不願在宴會中帶頭敬酒。

一般而言，風險主要可分為五種型態：身體上的風險、社交風險、情感風險、財務風險和智識上的風險。舉例來說，我知道我願意承擔社交風險，但對身體上的風險可是敬而遠之。簡單地說，我可以隨時和陌生人攀談，不過請不要叫我從橋上跳下去做高空彈跳。我也很樂意冒智識上的風險，以發展我的分析能力，可是我在理財方面很保守，不敢冒進。我去拉斯維加斯旅遊的時候，只會帶少量現金，免得輸太多。

我常常要人們描繪出他們自己的風險圖像，每個人只要稍微思考一下，就知道自己願意承擔哪一種風險。他們很快就明白，每個人對風險都抱著不同的態度。很有趣的是，我發現大多數的創業家都不認為自己是很敢冒險的人。歷經分析情勢、打造偉大的團隊、擬定周詳的計畫後，他們認為已經盡可能將可預見的風險都排除在外。事實上，他們把大部分的力氣都花在降低創業風險上。

史丹佛大學管理科學及工程系系主任科乃爾（Elisabeth Cornell）是風險管理專家。她表示，分析風險情勢時，很重要的是必須界定可能的結果，並試圖找出每一種結果發生的機率。一旦完成這個動作，就需要為每一種可能性發展出周詳的計畫。科乃爾表示，如果你願意接受所有的可能後果，那麼採取高風險／高報酬的發展路線就是理所當然的事。你應該未雨綢繆，為可能遭逢的逆境做好準備，並且擬定替代方案。我鼓勵大家多讀幾遍前面這幾句話。風險管理專家相信，你應該根據所有可能結果發生的機率——包括最樂觀和最悲觀的未來情境——來制訂決策，等到你已經為所有可能情況做好充分準備後，就會願意承擔高風險。

還有一件很重要的事，就是即使你根據風險評估做了決策，再好的決策仍然可能帶來很糟糕的結果，這是因為風險始終還是存在。以下是個簡單的例子：我踏出校門後，很快就得到一個工作機會，但不確定這是最適合我的工作。我審慎考慮了幾天後，決定拒絕這次機會，以為很快就會找到一份更適合我的工作。不幸的是，經濟情勢急轉直下，我花了幾個月仍然沒有找到另外一份工作。我很懊悔沒有接受第一個工作機會，那份工作現在變得愈來愈吸引人。我根據當時能掌握的所有資訊做了最好的決定，但在短期內沒有帶來好結果。

向史丹利自動車學習

同樣的，在大多數情況下，你都必須在資訊不充分的情況下做決定。換句話說，你必須在高度不確定的情況下有所選擇，並採取行動。所以，你該如何填補欠缺的知

即使你根據風險評估做了決策，再好的決策仍然可能帶來很糟糕的結果，這是因為風險始終還是存在。

識呢？我建議大家在史丹利（Stanley）身上尋找靈感。史丹佛大學人工智慧實驗室和福斯汽車的電子研究實驗室為了參加美國國防部高等研究計畫局（DARPA）舉辦的無人駕駛自動車大賽，設計出一輛自動車，名叫史丹利。史丹利的內部運作方式可以提供一些蛛絲馬跡，提醒我們面對不充分的資訊應該如何做決定。在DARPA大賽中，無人駕駛的自動車必須在越野賽中行駛完二百一十二公里，每輛自動車都必須穿過三個狹窄的隧道，通過一百多次急速轉彎的考驗，並在懸崖峭壁間行駛山路。雖然史丹佛的自動車「史丹利」原本贏面不大，卻仍然贏得冠軍，主要原因是這輛自動車能在資訊不充足的情況下迅速做決定。

史丹利身上有很多厲害的新科技，包括顯示地形的3D地圖、全球定位系統、陀螺儀、加速計、攝影機和輪子上的感應器。車上安裝的軟體能解析所有接收到的數據，以之控制自動車的速度和方向。但史丹利獲勝的關鍵，在於它能在資訊不充分的情況下做決定的高超能力。自動車的設計師讓史丹利模仿人類的學習方式，他們創造了一個資料庫，裡面是人類碰到類似情況時所做的決定，因此自動車需要做決定時，能根據資料庫的資料判斷該怎麼辦，他們把這些資料納入與自動車控制系統相連結的學習程式中，大幅減少了史丹利在判斷過程中可能犯的錯誤。

這個故事突顯了一個事實：從別人的經驗中學習，能夠大幅降低你的失敗率。你不需要事事都親自嘗試，而應該像史丹利那樣，從周遭環境中蒐集所有的資料，然後汲取前人智慧，盡可能做最好的選擇。你只需要環顧四周，向身邊眾多榜樣學習如何做最好的選擇。

如果你冒險嘗試，結果不幸失敗，切記這並不代表你個人的失敗，而是外在因素使然。唯有抱持這樣的態度，你才能在跌倒後站起來，繼續不斷嘗試。或許你的構想不怎麼高明，也可能錯過了最好的時機，或沒能掌握成功必需的資源。正如同霍金斯所說：「你不是你的公司，你也不是產品，但你很容易認為就是如此，而且陷在裡面一直出不來……但即使你失敗了，甚至即使你成功了，仍然不能代表你個人的成敗。你的公司可能會失敗，你的產品也可能會失敗，但這不代表你的失敗。」

要記住，失敗是學習過程中必經之路。如果你不曾失敗，那麼或許你冒的風險還不夠呢。

06 享受人生的意外旅程

找到自己興趣、能力和市場需求的交集

生涯規畫應該好像到國外旅遊一樣，
即使你事先做了周全的準備，
有詳細的行程表，也安排好晚上住宿的地方，
但最有趣的經驗往往不是透過事先規畫而來的。
你印象最深的部分
都是旅途中突然迸出的意外、
偶遇的驚喜。

你聽多少人說過，成功的關鍵在於聽從你的熱情？我敢說一定很多人說過。向正徬徨於人生十字路口的人提出這樣的忠告很容易，但這樣的忠告其實過度簡化，而且會誤導別人。千萬不要誤會我的意思，我很相信熱情的重要，也認為了解自己背後的驅動力非常重要。不過單單這樣還不夠。

熱情只是起步而已，你還需要了解自己有哪方面的才華，以及這個世界會如何評價你的才能。如果你對於某件事情滿懷熱情，在那方面卻沒有特別的本事，那麼你想在那個領域發展可能會困難重重。譬如你熱愛籃球，但是長得不夠高，沒辦法和別人競爭，或你迷上了爵士樂，音感卻很差。在這兩種情形下，你可以當個很棒的籃球迷和爵士樂迷，經常去看球賽和聽音樂會，但千萬不要當職業球員或爵士樂手。

再進一步思考，或許你對某件事滿懷熱情，在那方面也很有天分，但是你的才能卻找不到市場。比方說，你可能是個熱愛繪畫的藝術家，或是個衝浪高手，可是我們都知道，這類才能的市場非常小；單單因為自己對某個領域充滿熱情，而據以作為生涯規畫，通常也會帶來挫敗，還不如只把它當做美好的嗜好。

找到能發揮所長的工作

如果你的才華和技能恰好有很大的市場需求，那麼就是求職的好領域。比方說，如果你是傑出的會計師，就不愁找不到工作，因為企業永遠都需要有人幫他們計算資產負債表。大多數人的生活都是如此，他們找到能發揮所長的工作，但是每天都迫不及待地回家專心從事自己熱愛的活動，沉浸在自己的嗜好當中。他們每天都在數日子，等著週末、等著假期或等著退休的那一天來臨。

最糟糕的情況是發現自己陷入這樣的處境：對工作沒有熱情，缺乏這個領域應有的技能，而且你做的事情在就業市場也不吃香。有個老掉牙的笑話是關於賣雪給愛斯基摩人，如果你痛恨雪，又是個很糟糕的推銷員，偏偏得向愛斯基摩人推銷雪的話，那簡直是太可怕了。

最好的情況是：你的熱情恰好吻合你的才能及市場的需求。如果能找到三者的交集，那麼你的工作就能豐富你的人生，而不只是提供充分的財力，好讓你下班後好好享受生活。你的目標應該是設法找到一種職業生涯，這份工作和你如此契合，簡直不敢相信居然有人願意付錢給你做這份工作。

哲學家老子曾經說過一段話，大意是：深諳生活藝術的哲人不會刻意區隔工作和嬉戲、勞動和休閒、身與心、教與樂、愛與信仰。他只是單純把每一件事做好，讓別人來決定他究竟是在工作還是嬉戲。對他自己而言，他總是既在工作，也在嬉戲。

事實上，我們通常會更努力去做自己有興趣的事情。從小孩子身上就可以明顯看到這點，小孩子會花無數的時間做自己愛做的事。喜歡蓋房子的孩子會花好幾個小時，用樂高設計出一座座令人讚嘆的城市；熱愛藝術的孩子會不停地畫畫，幾個小時都不休息；熱愛運動的孩子可以整個下午都在投籃和拍球，他們樂在其中，絲毫不覺得是在練習。熱情是一股強大的驅動力，驅使我們努力精進自己的技能，追求卓越。

要找到能力、興趣與市場交集的金礦，可能需要一段時間。就以佛爾（Nathan Furr）為例，他最初主修英文，對於閱讀和寫作懷抱著極大的熱情，大學時代都浸淫在當代文學作品中，並寫了很多文章來分析這些作品。但是他很快就明白，英文教授的市場非常小，即使他在這個領域謀得教職，薪水仍然很低，很難養活他計畫建立的大家庭。佛爾花了一些時間思考，還有什麼工作可以讓他發揮所長又投入熱情。考

很多人都喜歡問小孩：「你長大以後想做什麼？」這個問題迫使小孩在還不了解各種可能的機會時，就先確立自己的目標。

慮了各種選擇之後，顯然他很適合企管顧問的工作，因為既可以發揮自己在研究和寫作方面的才能，也可以享受到學習的樂趣。唯一的問題是，就佛爾目前所知，他還沒辦法踏入企管顧問這一行的大門、找到第一份工作，所以他給自己一年時間做準備。他參加學校裡的相關組織，學習更多關於顧問這一行的知識，並且練習做小型的案例研究，因為應徵企管顧問職位在面談時通常需要做這樣的口頭報告。等到一年時間過去，佛爾已經做好充分準備，他終於在一家頂尖公司找到企管顧問的工作。就許多方面來看，這份工作再適合他不過了，既能讓他發揮所長、投入熱情，又能提供他需要的財務保障。

你長大以後想做什麼？

佛爾在了解各種職業的優缺點後，才著手挑選一條生涯發展道路。但是我們大多數人都在他人鼓勵下，提前做生涯規畫。很多人都喜歡問小孩：「你長大以後想做什麼？」這個問題迫使小孩在還不了解各種可能的機會時，就先確立自己的目標（至少在心裡立定志向）。我們想像自己將來會做的事情，通常都是參考周遭其他人在做的事情，這和廣大世界無窮的可能性相較，實在是非常狹隘的觀點。而且我猜你和我一樣，身邊一定有很多人喜歡指點你應該做什麼，而你也深受他們影響。我清楚記得有個老師曾經對我說：「你在科學方面真的很行，應該考慮當護士。」很不錯的建議，不過對有科學天分的人而言，這只是他可以嘗試的無數可能性之一而已。

在我的創造力課堂上，每個小組成員都要挑選一個他們認為很有創意的組織。他們需要去拜訪自己挑選的公司、訪問那裡的員工、觀察他們的做事方式，然後再做個總結報告，分析這個組織為什麼那麼有創意，而且要以創新的手法向全班報告他們的發現。有一個小組挑選的組織是聖荷西兒童探索博物館，他們連續多天觀察博物館工作人員和參觀者的行動，想了解什麼是激發創意的關鍵。例如他們觀察到，其中有一站讓孩子們自己建造袖珍雲霄飛車，並改變不同的變數，看看會有什麼不同的結果。有個八歲小女孩用博物館的設備做各種實驗，她改變雲霄飛車不同部分的長度、高度和角度，並做各種模擬，看看會出現什麼效果。有一位博物館工作人員觀察她一段時間後，只簡單地說：「你現在做的事情就是工程師做的事。」後來我的學生問那個小女孩，她在博物館學到什麼，她只想了一秒就自信滿滿地說：「我學到我可以當個工程師。」

我們就像博物館的小女孩一樣，接收到各種明確或含蓄、帶有暗示性質的訊息，告訴我們別人期望我們扮演的角色。幾年前，我有個同事（她是機械工程教授）告訴我一個很棒的故事。她有好幾位女性友人和她在同一所大學任教，都是不同領域的工程師，常常來她家聚會，一起吃飯聊天。聚會時，她的小兒子通常都在家，看著她們聚會，並聆聽她們談話。等到這個孩子漸漸長大，而且顯然對數學和科學很拿手時，就會有人告訴他：「你應該考慮讀工程。」他皺著眉頭說：「才不要呢，工程是女生讀的科目。」我有一些當醫生的女性朋友也告訴我同樣的事情，她們的孩子認為討論醫療問題是「女生的話題」。

拋開別人的期望

想想看你能不能解開以下謎題：有個男孩和他的爸爸發生意外，兩人都被送進醫院。外科醫生說：「我不能替這個小孩動手術，他是我的兒子。」究竟是怎麼回事啊？

當我把這個謎題說給我那些觀念進步的女性醫生朋友聽時，連她們都沒有想到，謎題中的外科醫生實際上是男孩的母親。她們想出各種腦筋急轉彎式的答案，而答案裡面的醫生都是男性。等到知道答案時，她們都覺得很難為情，因為連她們自己都掉入傳統陷阱之中。

每當我回想起過去接收到的訊息時，就會察覺顯然我深受某些人影響——有的影響是正面的，有些則否。大約在我十四歲左右，我爸媽有個朋友是神經外科醫生。當時我對大腦很著迷，有一天終於鼓起勇氣，請這位長輩談談他的工作。他覺得很有趣，於是開了一個玩笑。我很失望，沒有再繼續追問下去。

直到上大學以後，我才碰到腦科學方面的專家，鼓勵我追求自己的興趣。那是我上了大二、第一次修神經科學的時候，教授給了我們一個很特別的作業，他要我們設計一系列實驗，弄清楚大腦某部分的功能。他說，沒有人了解大腦這部分的角色，而我們必須想出自己的策略，把它弄清楚。過了一星期左右，我們收到教授發回來的報告，我發現我的報告上面有一句評語：「你的思考方式很像科學家。」我就在那一刻

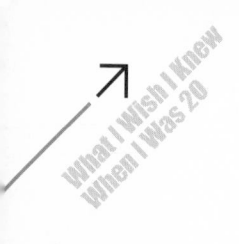

成為科學家。之前，我一直都在等待有人賞識我對腦科學的熱誠，告訴我應該大膽追求自己的興趣。

每個人都深受周遭發出的各種訊息所影響。有的訊息很直接，例如老師會說「你應該去當護士」或「你的思考方式很像科學家」；有的訊息則隱藏在周遭環境中，例如多年來都只見到女性工程師或男性外科醫生。

為了自己，做最想做的事

我二十出頭時，覺得要區分自己想做的事情和別人希望我做的事情非常困難。我知道很多學生也有這方面的困擾。他們告訴我，別人給他們太多「指引」了，以至於根本搞不清楚自己想做什麼。我記得很清楚，我有時候很想放棄或避免去做別人大力鼓勵我做的事情，因為唯有如此才能拋開別人的期望，有充分的空間思考自己想做什麼。比方說，我在羅徹斯特大學畢業之後沒多久，就到維吉尼亞大學就讀研究所。我的父母非常開心，他們非常以我為榮，也很高興我確立了未來幾年的發展方向。然而在研究所讀了一學期之後，我就決定暫時休學，到加州去。整個過程中，最困難的部分就是稟報父母我打算休學，對他們而言，要接受我的決定非常不容易。我很感激他們對我的支持和鼓勵，但我因此反而不清楚，對我來說，待在學校裡是不是正確的決定。我開車橫越美國，來到西岸的聖塔克魯茲，完全不知道接下來該何去何從。

回頭來看，暫時離開學校是很棒的決定。我待在聖塔克魯茲的那段日子毫無規畫，覺得自己就好像隨風飄散的樹葉，可能落在任何地方。這是很令人興奮、也很嚇人的經驗，也是我有生以來第一次沒有特定的作業或任務、具體的目標或清楚的計畫。雖然壓力很大，但要弄清楚我到底想做什麼，這是很好的方法。我做各種奇奇怪怪的工作來維持生活，花很多時間在海邊沉思。過了一陣子之後，我開始到加州大學聖塔克魯茲分校的生物圖書館閱讀神經科學方面的論文，起先每個月去一次，後來每週去一次，然後變成天天都去。

我在聖塔克魯茲待了九個月以後，已經做好回實驗室的心理準備，可是還沒有準備好回研究所讀書。確定目標之後，我查到史丹佛大學神經科學教授的名單，那裡離聖塔克魯茲不算太遠，我寫信給名單上的每一位教授，向他們說明我的背景，詢問有沒有任何研究工作可以給我做。接下來幾個星期，每位教授都回信了，沒有人需要人手，但是其中一位教授把我的信轉寄給朋友，結果麻醉系的一位教授寫信給我，問我想不想在手術室工作，幫忙在高風險病患身上測試新的醫療設備。聽起來還滿有趣的，所以我欣然答應。

幾天之內，我就來到史丹佛大學，每天破曉即起，戴上手套，監看手術病人的狀況。這份工作帶給我許多出乎意料之外的有趣體驗。等到這個案子結束後，我設法應徵到神經科學實驗室工作，後來還申請進入史丹佛研究所。我走了一條迂迴的路，也許在旁人眼中，我浪費了很多時間，但其實完全不是如此。在人生道路上轉個彎，讓我能以新眼光來看待原本的目標，也讓我有機會實驗一下不同的選擇，更幫助我確定真正想做的事情是什麼。這一回，我讀研究所完全是為了自己，而不是為了別人。

意外的發現、偶遇的驚喜

周遭的親友總是期望你決定了自己的方向之後就能始終如一，他們希望你好像飛彈一樣，鎖定目標後就努力不懈地追求目標。但實際狀況往往並非如此。大多數人在找到最符合自己能力和志趣的工作之前，都會轉換好幾次跑道。這和開發新產品或設計新軟體的過程非常類似，很重要的是要繼續做各種嘗試，直到你找到行得通的方案為止。太早就確立你的人生道路，可能會引導你到錯誤的方向。

我曾經見過許多學生描繪了詳細的藍圖，規畫未來五十年要做的事情。這樣做不但不切實際，也太過自我設限了。人生道路上有這麼多意想不到的經驗等著去嘗試，你最好睜大眼睛，不要對意外落到眼前的機會視而不見。生涯規畫應該好像到國外旅遊一樣，即使事先做了周全的準備，有詳細的行程表，也安排好晚上住宿的地方，但最有趣的經驗往往不是透過事先規畫而來的。你可能碰到某個人帶你去遊覽旅遊書上沒有提到的地方，或你可能錯過火車，結果花了一整天在原本沒有計畫造訪的小鎮上尋幽訪勝。我敢保證，關於這次旅行的點點滴滴，你印象最深的部分全都不在原先的行程表上，而是旅途中突然迸出的意外、偶遇的驚喜。

人生的種種努力其實都是如此。比方說，大部分科學上的重要發現都是因為科學家注意到令人訝異的結果，並詮釋了出乎意料之外的發現。成功的科學家很快就了

生涯規畫應該好像到國外旅遊一樣，即使事先做了周全的準備，有詳細的行程表，最有趣的經驗往往不是透過事先規畫而來的。

解，不要害怕任何數據可能引領他們航向未知的疆域。最傑出的科學家不會丟掉不符預期結果的數據，反而設法了解異常現象，因為他們知道真正的突破都由此誕生。事實上，科學家往往因為對變異保持警覺，而開闢出嶄新的研究領域和非凡的新發現。

舉例來說，十九世紀中葉，科學家剛開始用顯微鏡做研究時，就注意到腦部有兩種細胞，他們稱之為「神經元」和「神經膠細胞」。他們假定腦部真正的活動都是在神經元進行，神經膠細胞只是在結構上提供神經元支撐的物質。此後一百五十年，科學家一直抱持這樣的觀念，而且把大部分的心力投注於研究神經元。

然而在過去二十年，科學家發現神經膠細胞在神經系統中扮演許多重要的角色，而大腦的神經膠細胞比神經元多十倍。科學期刊《神經膠細胞》的創刊總編輯兼神經科學家藍森（Bruce Ransom）就是這個領域的開路先鋒，他和其他科學家證明了在腦部的各項功能中，神經膠細胞都扮演重要角色。甚至在神經元的相互作用中，科學家花最多心力研究的突觸傳遞作用，都牽涉到神經膠細胞的功能。藍森認為，人類還沒有充分揭露神經細膠胞的奧祕，而且神經膠細胞和許多神經疾病有重要的關聯。

這件事是非常重要的提醒，告訴我們許多很吸引人的概念實際上會阻礙進步。人們牢牢抓住這些概念，以至於沒有看到其他可行方案，他們下意識地「調整」了相互矛盾的觀察結果，以便適應目前通行的理論。回頭來看，神經膠細胞在大腦中扮演重要角色是很明顯的事情，但是二十年前開始研究這個題目的科學家要偏離已明確界定的研究路線、探索未知的領域，其實冒了極大的風險。

提高好機會降臨的可能性

大多數的事件和發現，我們都要到事後回顧時才看得明白。高米沙表示，當他不是從擋風玻璃往前看、而是從後視鏡回顧時，才把自己的生涯發展過程看得更透徹。對我們大多數人而言也是如此。當你回顧過去時，一切就顯得理所當然。但是往前看的時候，前面的道路總是模糊不清，充滿無限不確定，很容易因為看不清未來方向而感到沮喪。但是，你可以設法提高好機會降臨頭上的可能性。

高米沙花了很多時間思考如何規畫自己的生涯，對此他有非常深刻的洞見。他建議你打造自己的生涯時，應該盡量和高素質的人才一起工作，結果你一路上碰到的機

打造自己的生涯時，應該盡量和高素質的人才一起工作，結果你一路上碰到的機會品質也會提高許多。

會品質也會提高許多。傑出的人才會彼此支持，建立起重要的網絡，並創造出源源不斷的機會。基本上，你生活和工作的生態系統決定了你會碰到哪種類型的機會。

許多經驗老到的專業人士都很贊成他的看法。他們都曉得，拚命想要掌控自己的生涯發展道路是錯誤的，你應該加入能讓你接觸到很多好機會的組織中工作。大型國際專業服務公司德勤（Deloitte）矽谷分部的執行合夥人布里格斯（Teresa Briggs）就表示，她不再認為自己可以預先規畫每一件事情，以求能掌握最多的機會。布里格斯初出茅廬，就在德勤的稽核部門工作，工作了十八年之後，她以為自己可能一輩子都待在稽核部門了。但新法令規定稽核人員不能一直負責同一個客戶的稽核作業，而必須輪流由不同的人來稽核，以確保客戶公司的經營管理合乎法律規定。布里格斯一直都負責同一個大客戶，當她必須輪調時，她找不到其他份量相當的工作機會。而這時候她得知新的德勤集團即將誕生，把經營重心放在併購。雖然併購並非她的專業領域，但公司邀請她擔任重要職位。她發現她的能力轉換得非常順利。儘管這樣的生涯發展路線並非布理格斯主動規畫，但她領悟到，由於她能和客戶建立良好的關係，並且有很強的團隊領導能力，因此能在新職位表現出色。

過了不久，布里格斯被調到紐約的德勤美國總公司，她的領導能力和管理技巧再度令她大放異彩。公司問她願不願意主持矽谷業務，於是她必須學習高科技業的新策略和新辭彙。布里格斯跨出的每一步都不是原本預料到的，然而由於組織不斷提供新機會，她也能把握機會，表現卓越，因此能嘗試許多有趣的新角色，迎接新挑戰。

經常自我評估

經常重新評估你的生活和生涯是很重要的事情。自我評估的過程會迫使你面對一個事實：有時候應該要轉換新環境，你才能有卓越的表現。大多數人都不會經常評估自己的角色，因此往往安於次佳的情況，到了應該換跑道的時候，仍然待在原先的職位很多年。沒有任何神奇數字能告訴你，你究竟應該待在某個職位多久以後，才需開始評估這樣做究竟對不對。但想想自己多久做一次自我評估，則是很合理的事。有的人每天或每星期都重新調整自己的生活，經常讓自己達到最佳狀態；有的人則經過很多年後，才注意到自己落後預期目標一大截。你愈常評估自己的處境，尋找解決問題

你需要找到自己在這個世界的角色，這個角色會讓你不覺得自己是在工作。唯有找出你的才能、熱情和市場需求之間的交集，才能找到最適合你的角色。

的方法，你的情況就可能變得愈好。最好在小問題剛冒出頭就及早面對，而不要等到問題變大才設法解決棘手的問題。但是唯有隨時注意、看清楚需要在哪些方面有所改變才辦得到。

有些情況直接迫使你重新評估自己的生活。比方說，一旦你決定成家，情況就完全不同了，你突然需要在照顧子女和工作上取得平衡。大家都曉得，照顧年幼子女需要耗費大量的時間和心力，無論對體力或情緒都是嚴苛的考驗，而且隨著孩子逐漸長大，他們的需求會出現劇烈變化，讓你不得放鬆，每年都出現新責任和新挑戰。結果，為人父母讓我們有機會發揮創意，並培養出在任何情況下都十分重要的能力。你必須練習一心多用，在壓力下做決定，並且精通談判的技巧。

女人尤其面臨巨大壓力，不知道如何兼顧事業和家庭責任，就我的經驗而言，這個挑戰其實是個大好機會。為人父母會迫使你採用創新的思考方式，脫離沒有彈性的傳統工作。除此之外，當孩子的需求改變時，你可以嘗試不同的工作，承擔不同的責任。你的職業生涯很漫長，而孩子的童年只有幾年的時間，你可以等孩子長大後再回到職場上加速衝刺。以下幾段話摘錄自一九九七年《史丹佛雜誌》的文章，把這個觀點說得很清楚：

有一位校友一九五〇年從史丹佛大學畢業，一九五二年拿到法律學位，然後直到次子出生後，有五年的時間沒有上班，忙著在鳳凰城少棒聯盟和慈善機構救世軍當義工。等到最小的孩子上學後，她回到職場，成為州檢察長辦公室的兼職員工。那幾年待在家裡陪小孩並沒有阻礙她的事業……她表示，今天的年輕人處境其實比她當年好很多。「其中一大助力是，現代女性壽命比較長，」她說，「我們在職場上花更多時間，而且確實有時間做幾次生涯轉換。所以，即使有幾年脫離職場，也沒有大礙。」

順便提一下，這位女性是美國最高法院大法官歐康諾（Sandra Day O'Connor）。

根據我的經驗，以上這段話完全正確。我唯一的建議是，如果你打算在孩子小的時候暫離職場，最好還是和職場維持某種聯繫，讓事業有低度發展的可能性。如果你不要太急著抵達最後的目的地，繞道而行也無妨，你往往會在意外的旅程中遇見最有趣的人、造訪最有趣的地方、碰到最有趣的機會。

沒有完全脫離職場，也沒有離開太久，那麼日後想回去工作也比較容易。要這樣做，可以有很多不同的方法，包括從事傳統的部分工時工作，或當志工，這樣做不但能磨練你的工作技能，也讓你有信心，日後打算重回職場會做好充分準備。

麥西思（Karen Matthys）就是個好例子，她有四個年幼的子女，因此加入一個容許兼職的行銷顧問團隊。麥西思在時間許可的時候接案，忙不過來則把案子交給工作夥伴。有三個女兒的比納塔（Lisa Benatar）則把注意力轉移到女兒的學校，她是替代能源專家，所以她在學校裡推出一項教學計畫，教導孩子們了解保育的重要。

在家庭與工作之間求取平衡，是我這輩子做過最好的生涯決定。我希望在智識上受到充分刺激，又不想犧牲陪伴孩子的時間。於是，我每年都評估自己需要投入多少時間在家庭和工作上，只接能給我充分彈性的案子。如果我沒有小孩，很多工作可能根本不會考慮接下來。我開始寫童書，為科學老師推出網站，甚至還在私立小學教科學。長期而言，當我真的回到職場做全職工作時，這些經驗都非常有幫助。我在文字工作上建立起自己的聲譽，學會如何設計網站，還獲得了寶貴的教學經驗；我在目前的職位上，每天都需要應用這些技能。

回顧以往，真希望當年在做生涯規畫時，我已經曉得許多與別人給我的傳統忠告背道而馳的事情，那該有多好。最重要的是什麼事呢？你需要找到自己在這個世界的角色，這個角色會讓你不覺得自己是在工作。而唯有找出你的才能、熱情和市場需求之間的交集，才能找到最適合你的角色。你不但因此實現個人抱負，而且由於能建設性地宣洩熱情，你的工作將能豐富你的人生，而不是奪走你享受人生的時間。要找到最適合你的角色，你也需要不斷實驗，嘗試許多不同的可能性，檢驗你從外界獲得的明確或隱晦的訊息，並且拒絕接受你認為不適當的建議。

當你的職業生涯逐漸開展時，最好能經常評估你現在走到哪裡，未來又想走去哪裡。這樣做能讓你很快修正軌道，尤其當事情的發展不如預期，或出現特殊的新機會時。不要擔心似乎看不清眼前的道路，即使你瞇起眼睛也不會看得更清楚。對每個人而言都是如此。不要太急著抵達最後的目的地，繞道而行也無妨，你往往會在意外的旅程中遇見最有趣的人、造訪最有趣的地方、碰到最有趣的機會。最後，當你試圖弄清楚自己究竟適合做什麼時，要小心別人給你的生涯發展忠告——包括我的忠告。

07 檸檬汁變直升機

幸運的人有哪些特質？

幸運的人
會把握剛好碰到的意外機會。
他們不是穩穩操控著人生既定的航行軌道，
而是隨時注意周遭發生的事情，
因此能夠挖掘出每一種處境的最大價值。

我兒子喬許上大學的第一個學期，我在期末考前夕打電話給他，祝他好運。他的反應卻是：「根本沒有好運氣這回事，全要靠自己努力打拚。」他是個動力很強的孩子，對於自己熱中的事情總是全力以赴，尤其是需要大量訓練和準備的體育競賽。起初我覺得他的反應很極端，但是多想一想，我覺得他說得很對。即使有時候以為自己運氣很好，其實往往都經過一番辛苦耕耘，好運才會落到我們頭上。

我曾經以欽佩的眼光，觀察喬許辛苦達到別人眼中不可能達到的目標。他在十九歲的時候決定嘗試健力運動，並參加比賽。對於像他這樣的自行車選手和短跑選手來說，健力運動並不是理所當然的選擇，然而他心意已決，打算挑戰硬舉項目的全國紀錄。喬許找到北加州最棒的訓練員，每星期都去向他們學習硬舉，每次來回都要開四小時的車。他拚命蒐集關於健力運動的資料，閱讀每一篇文章，小心翼翼地規畫飲食內容，增強肌肉，而且花許多時間在健身房自我鍛鍊。投入好幾年的時間做重量訓練，又花幾個月的時間集中練習硬舉項目後，他參加健力比賽，測試自己的實力。

比賽那天，我們清晨五點鐘就起床，開三小時的車到佛瑞斯諾市參加正式比賽。

你必須先把自己放到適當的位置上，好運才會降臨到你頭上。

體育館擠滿了已經有多年比賽經驗的舉重選手。我很擔心喬許會不滿意自己的表現。但是體重八十六公斤的喬許順利舉起二百六十八公斤，打破了比賽的加州紀錄和全國紀錄，而且舉起的重量超出原先的紀錄保持者二十三公斤。他運氣很好嗎？他當然很幸運，那天每件事情都很順利。但他如果沒有為了達成目標而孜孜不倦地辛苦練習，永遠也不可能成功。

愈努力，就愈幸運

喬許對於運氣的說法，正呼應了孩提時代家父經常對我說的話：你愈努力，運氣就會愈好。他的十字真言是很好的提醒，你必須先把自己放到適當的位置上，好運才會降臨到你頭上。即使成功的機率很低、競爭非常激烈，只要你在生理上、心智上和情緒上做好充分準備，仍然能增加成功的機率。

我們經常聽到很多勵志故事，談到原本一無所有的人，如何憑著超乎常人的努力而博得幸運之神眷顧。以下兩個故事聽起來或許很熟悉，故事的主人翁都憑著超乎常人的努力，克服了極其艱鉅的困難。

王權出生於越南西貢市，她的父親是越南政府的公務員，母親開了一家藥店，全家過著衣食無慮的舒適生活。不過，當一九七五年越南落入共黨手中後，王權的世界起了翻天覆地的大改變。她的父親被送到勞改營，母親的藥店也關門大吉，而且母親因為自己開店，還被安了「資本家」的罪名而入獄。幾年下來，情況絲毫沒有好轉，於是王權的父親帶著兩名手足遠赴美國，其餘的家人則繼續留在越南。

到了一九八〇年，王權的母親不得不讓十六歲的王權帶著十一歲的弟弟離開家鄉，追求更好的生活。母親流著眼淚，讓姊弟倆和其他難民一起搭船逃離越南，希望他們終能抵達美國；她完全沒有把握他們有沒有辦法走完這趟旅程，也不知道能不能再見到自己的子女。王權和弟弟在大海中漂流了好幾天，躲過想奪走難民身上僅有財物的海盜，這艘難民船最後抵達馬來西亞外海的小島。他們加入了其他四萬名辛苦掙扎求生的越南難民，每個人都想盡辦法，希望能獲准移民其他國家。

等待了漫長的四個月後，王權終於獲准到美國德州和父親團聚。她一句英文也不會講，課業也落後同學好幾年。他們家可說是家徒四壁，幾個兄弟姊妹每星期放學後

只要全心全意追求你的目標，而且付出超乎常人的努力，你就可以主宰自己的命運。

都至少要打工三十小時。王權不時打算輟學來幫忙家計，他們常常不知道下個星期還撐不撐得下去，只得向親戚借錢。

雖然日子過得這麼辛苦，王權仍然腳踏實地、努力不懈。她一無所有，只有很強的企圖心，一心想脫離貧窮。她高中畢業時在班上名列前茅，拿到耶魯大學的全額獎學金。她在大學主修經濟學，大學畢業後又拿到企管碩士學位。王權現在經營一家非營利性質的ＩＣＡＮ公司，專門為越南社區提供服務，協助移民美國的越南人克服文化障礙、在美國出人頭地。當年她初抵美國時，很希望有人能伸出援手，因此現在她為新移民提供這樣的服務。

王權小的時候完全不知道自己長大以後想做什麼，只是很確定她一定要脫離貧窮的泥沼。她知道只要肯花時間付出心力，好運自然會降臨。王權從經驗中學到的教訓是：「只要全心全意追求你的目標，而且付出超乎常人的努力，你就可以主宰自己的命運。」

我從瓊斯三世（Quincy Delight Jones III 或 ＱＤ３）那兒聽到同樣的故事。ＱＤ３是成功的音樂製作人和電影製片家，曾經和吐派克（Tupac Shakur）、LL Cool J、冰塊（Ice Cube）等多位知名饒舌歌手合作。他的父親是美國音樂界傳奇人物昆西．瓊斯（Quincy Jones），你或許以為他的日子應該過得很安逸，其實不然。他小時候雙親就離異，母親帶著他回到瑞典的家鄉，過著幾近貧窮的生活。母親的生活方式非常另類，還染上毒癮。她根本不在乎兒子有沒有上學，而且經常在外狂歡作樂，直到凌晨四點鐘才回家。

QD3十來歲時第一次接觸到霹靂舞，立刻迷上了這種街舞。他開始在斯德哥爾摩的街頭表演，拿著帽子向經過的路人討賞。他日以繼夜地練習舞步，把每個舞步練到盡善盡美。在幸運之神眷顧下，他被星探挖掘，問他有沒有興趣參加巡迴演出。QD3立刻把握機會。

踏上演藝之路，QD3仍然繼續努力不懈。除了跳舞之外，他也開始為饒舌歌手發展音樂節奏。好運來敲門了，有人邀請他為一部電影將在斯德哥爾摩拍攝的饒舌場景寫電影歌曲，於是他在十七歲時創作的歌曲〈下一次〉（Next Time）成為他的第一張金唱片，銷售量超過五萬張。QD3繼續製作了一部關於吐派克的三白金紀錄片，

幸運的人不是穩穩操控著人生航向既定的軌道，而會注意周遭發生的事情，因此能夠挖掘出每一種處境最大的價值。

銷售量高達三十萬片以上。

QD3和王權一樣，決心讓自己脫離貧窮的泥沼，不但自食其力，而且成為頂尖人物。他以滿腔熱血自我激勵，一旦點燃火花就一心一意努力向前衝。王權和QD3都投入所有的一切，投入體力、智識或感情來解決面對的問題，證明努力不懈和全力以赴是吸引幸運之神眷顧的關鍵。不過，努力只是其中一種手段，要幸運之神前來敲門，還有其他很多工具可用。我相信王權和QD3也都運用了這些工具。

好好把握意外的機會

英國赫佛夏爾大學的韋斯曼教授（Richard Wiseman）曾以幸運為題做研究，他發現「幸運的人」都有一些共同的特徵，讓他們比別人更幸運。

首先，幸運的人會把握剛好碰到的意外機會。他們不是穩穩操控著人生既定的航行軌道，而是隨時注意周遭發生的事情，因此能夠挖掘出每一種處境最大的價值。他們比較會注意社區宣布了什麼特殊活動、有什麼新鄰居在附近走動，甚至會看到同事需要額外的幫忙。幸運的人總是張開雙臂擁抱新機會，願意嘗試超越過去經驗的事情。他們比較會挑選不熟悉的書來看，到不熟悉的地方旅行，結交與自己不同的人。

難怪幸運的人多半個性外向。他們的眼神比較常和別人交會，也比較常微笑，因此會帶來更正面的交往經驗和後續的交往機會，而這自然又帶來更多機會。幸運的人通常也比較樂觀，會預期好事降臨到自己頭上，於是這變成自我實現的寓言，因為即使事情的發展不如預期，幸運的人會設法從最壞的處境中得到最好的結果。這種態度影響了周遭的人，幫助其他人把負面的處境轉變為正面的經驗。

簡單來說，觀察力敏銳、心胸開放、個性友善、態度樂觀的人會吸引幸運之神眷顧。就拿以下這個故事為例：幾年前，我在一家小雜貨店買東西，那裡幾乎只有附近居民會來光顧。我在挑選冷凍食品的時候，有個人帶著小女兒走過來，很有禮貌地問我應該如何用冷凍檸檬汁罐頭調製檸檬汁。這個人有很重的鄉音，我聽不出他是哪裡人，不過很確定他一定不是本地人。我教他如何調製檸檬汁，並問他是哪裡人，他說智利聖地牙哥。我問他叫什麼名字、為什麼會來我們這兒，純粹出於好奇，沒有什麼特別用意。他說他叫厄杜瓦多，一年前帶著家人搬到這裡，希望在矽谷學習如何創

即使事情的發展不如預期，幸運的人都會設法從最壞的處境中得到最好的结果。

業。他即將接手經營家族事業，所以希望找到創新的經營方式。我向他說明我們在史丹佛大學工學院的創業課程，並說我很樂意在這方面幫幫忙。接下來幾個月，我介紹厄杜瓦多認識創業界許多不同的人，他也對我的協助深表感謝。

兩年的時間匆匆流逝。我即將前往智利聖地牙哥參加研討會，於是我寄了一封電子郵件給厄杜瓦多，問他想不想聚一聚、喝杯咖啡。最後他沒辦法趕上這場聚會，但邀請我和幾名同事到聖地牙哥市區的某個地點。我們抵達辦公大廈，有人領著我們登上大廈屋頂，厄杜瓦多家族的私人直升機在那兒等著，帶我們從高空俯瞰聖地牙哥市和附近山區的美麗風光，還帶我們到他們家族度假的滑雪勝地。真是太奇妙了！想想看，這一切只不過是因為我教他怎麼調檸檬汁。當然，我當初並不是為了享受免費的直升機之旅才幫厄杜瓦多的忙，但是由於我打開心胸，願意對別人伸出援手，而且幾年後還保持聯繫，「好運」才落到我的頭上。

我在前面曾經談過把檸檬（問題）變成檸檬汁（機會）的藝術。可是談到幸運就要更進一步，幸運談的是如何把檸檬汁（好事）變成直升機（令人驚嘆的經驗）！

每輛巴士都有一百萬元財富

這個世界上有無數扇門，只要我們願意把門打開，就可以找到驚人的機會。智利大學的維格諾羅很喜歡說，如果你到某個地方沒有認識新朋友，那麼不但錯過交朋友的好機會，也錯過了可能成為百萬富翁的機會。他告訴學生，每一次登上一輛巴士，都有一百萬元在那兒等著，他們只需要把這筆財富找出來。他所謂的「一百萬元」其實是個比喻，指的是學到新東西、交到新朋友或真的賺到一百萬。事實上，本書的誕生正是起因於我搭飛機時和鄰座聊天，如果我們沒有開始攀談，幾乎可以斷定我不會完成這本書。

《創新的藝術》作者湯姆．凱利也呼應這個觀點。他指出，你每天都應該像外國觀光客一樣，敏銳地觀察周遭環境。在日常生活中，我們很容易就會戴上眼罩，走在早已踏過無數次的道路上，很少停下腳步環顧四周。但是當你在國外旅行時，你會用全新的眼光來看世界，因此體驗也會特別濃、特別深。當你豎起天線時，你會在每個轉彎處都有奇妙的新發現。

在國外旅行時，你會用全新的眼光來看世界，當你豎起天線時，你會在每個轉彎處都有奇妙的新發現。

蘇格蘭企業研究院院長巴羅為了說明這個觀點，讓學生做一個有趣的練習。他發給每一組學生一份拼圖，然後用碼表計算時間，看看哪一組先完成拼圖。其實每一片圖片背後都編了從一到五百的號碼，所以只要注意到這些編號，很容易就可以完成拼圖。但是即使號碼就在他們面前，大多數小組仍然過了很久以後才看到編號，有的小組甚至從頭到尾都沒有看到。基本上，只要他們細心注意周遭的一切，很容易就可以招來好運。

事實上，密切注意周遭環境需要花很多心力。你必須自己學習如何才能做好這件事，有時候即使你很注意，仍然可能錯過了就在眼前的有趣資訊或重要資訊。很多人都看過一部影片，清楚地說明了這個情況。主持人要求觀眾觀察有男有女的一群人打籃球的情況，請他們計算穿白色球衣的人傳球的次數。在影片最後，觀眾都可以輕易答出正確的答案，但他們都沒有注意到，有個穿著小熊裝的人大剌剌地從球員中間走過去。即使我們以為自己已經全神貫注，其實沒有看到的東西還很多。

我在班上也用一個簡單的練習來說明這個觀點。我要學生到他們很熟悉的地方，例如本地購物中心，要求他們做個實驗：逛幾家不同的商店，注意所有他們平常「視而不見」的事情。於是，他們花時間注意商品的聲音、氣味、質地、顏色和構造，以及店員如何和顧客互動。他們觀察到的無數細節，都是過去在店裡進進出出時從來不曾看到的事情。他們回到教室時，眼睛都已經大大張開，也明白我們走在人生道路上時往往都「戴著眼罩」。

挖掘知識和人脈的金礦

幸運的人不只會注意周遭世界和認識有趣的人而已，他們也懂得運用非比尋常的方式來組合自己的知識和經驗。大多數人手上都掌握了豐富的資源，卻不懂得如何運用。不過，幸運的人了解自己的知識和人脈是多麼有價值，因此懂得在需要的時候挖掘這座金礦。以下是賈伯斯二〇〇五年對史丹佛大學畢業生的演講中提供的絕佳範例。簡單地說，他上大學才六個月就休學了，因為他不確定自己為什麼要念大學，而且他的父母也負擔不起昂貴的學費。賈伯斯如此描述這段過程：

六個月後，我看不出大學教育有什麼價值。我完全不知道這輩子想做什麼，也不曉得大學教育如何能幫助我弄清楚這件事。而我花的是父母畢生的積蓄。所以我決定休學，相信船到橋頭自然直。當時的情況還滿恐怖的，但是現在回頭來看，這是我這輩子做過最棒的決定。我一休學，就不必再修我毫無興趣的必修科目，也開始旁聽一些看起來很有趣的課程。

當時並非一切都那麼浪漫。我沒有自己的寢室，所以只好窩在朋友的寢室裡打地鋪。我拿可樂罐去退瓶，換點零錢買東西吃，每個星期日晚上都走十一公里路到鎮上另一頭的印度教神廟飽餐一頓。我真愛那裡的食物。而我任憑好奇心和直覺的指引碰巧獲得的種種經驗，後來都變成無價之寶。以下就是個好例子：

當時雷德學院開了一門書法課，可能是美國最好的書法教學。校園裡每一張海報、每個抽屜上面貼的標籤，都是寫得很漂亮的手寫字體。反正我已經休學，不必再去上一般正常課程，於是決定去修這門書法課，學習怎麼樣把字寫得漂亮。老師教我們襯線細體（serif）和無襯線體（san serif）字體，告訴我們不同的字母組合之間需要留不同大小的字距，還告訴我們為什麼有的字型會如此漂亮，其中蘊含了某種科學無法捕捉到的美感、歷史感和細膩的藝術層次，實在太迷人了。

當時，這些東西似乎對於我未來的人生沒有任何實用價值。但是十年後，當我們設計第一部麥金塔電腦時，當初學到的東西又浮現在腦海裡，我把它應用在麥金塔的設計上。這是第一部有漂亮字型的電腦。如果我當初不曾在大學中偶然修了這門課，麥金塔電腦就不可能有多種字體或調整得恰到好處的字距。由於微軟視窗只是在模仿麥金塔，所以很可能世上沒有一部個人電腦會有這麼漂亮的字體。如果我從來不曾休學，我絕對不會去修這門書法課，個人電腦上的字體就可能不會這麼優美。當然，還在念大學的時候，我不可能未卜先知，早就能將這些點點滴滴全都串聯起來，但十年後回頭來看，這一切變得非常、非常清楚。

這個故事的重點是，你永遠不知道什麼時候才會證明你的經驗很寶貴。賈伯斯心胸開放，對世界充滿好奇心，他多方嘗試，獲得各式各樣的經驗；他不管這些經驗在短時間內有沒有用，因此他的知識能在出乎意料之外的情況下發揮作用。這件事提醒我們，你擁有的經驗愈多、基本知識愈廣博，就掌握了更多可用的資源。

你擁有的經驗愈多、基本知識愈廣博，就掌握了更多可用的資源。

以創意手法組合創意

我在創造力的課堂上，很強調以與眾不同的方式重新組合創意的重要性。你愈是多多練習這個技巧，就會愈得心應手。比方說，運用明喻或暗喻來描繪乍看之下毫不相干的概念，能為熟悉的問題開發出嶄新的解決方案。讓我們用一個簡單的練習來說明這個觀點。我要班上每個小組針對下面的敘述，盡可能提出愈多答案愈好：

創意就好比＿＿＿＿＿＿＿＿

因為＿＿＿＿＿＿＿＿

所以＿＿＿＿＿＿＿＿

以下是我看過的幾百個很有創意的答案。在每個答案中，學生採用的比喻都開啟了看待創意的新方式：

◆創意就好比小寶寶，因為每個人都認為自己的想法最棒，所以評斷自己的創意必須客觀一點。

◆創意就好比鞋子，因為會愈穿愈合腳，所以必須經過一段時間再評估新點子。

◆創意就好比鏡子，因為創意反映了周遭的環境，所以不妨改變背景環境，以獲得更多樣化的創意。

◆創意就好比打嗝，因為創意一旦湧出就停不下來，所以要好好利用泉湧而出的創意。

◆創意就好比泡泡，因為很容易爆破變成泡沫，所以要溫柔對待創意。

◆創意就好比汽車，因為會帶你到各處去，所以要跟著創意走。

◆創意就好比巧克力，因為每個人都愛吃巧克力，所以一定要經常供應巧克力。

◆創意就好比麻疹，因為麻疹會傳染，所以如果你想要有創意，最好常常和點子王在一起。

◆創意就好比鬆餅，因為剛出爐的時候最好吃，所以最好不斷有新點子冒出來。

◆創意就好比蜘蛛網，因為比外表看起來強韌許多，所以最好不要低估它。

把厄運變幸運

這個練習鼓勵你在周遭環境中尋找靈感，盡情發揮想像力。有的人自然而然就會有各種聯想，而且能以獨特的方式發揮聯想的價值。這些人就像賈伯斯一樣，隨時都在尋找各種有趣的方式來組合創意，然後努力實現創意。

克勒巴恩（Perry Klebahn）就是個好例子。他在一九九一年跌斷腳踝，然而他熱愛滑雪，腳踝受傷令他十分沮喪，因為不想錯過滑雪季。不過他設法把厄運變成幸運。在等待傷勢復元期間，他找到一雙木製舊雪鞋，希望能穿上雪鞋出去活動以替代滑雪，結果效果不佳，令他更加失望。但他沒有把雪鞋丟回櫃子裡，坐等傷勢恢復，而是決定設計一雙新雪鞋。當時他正在研修產品設計的課程，認為可以運用在學校學到的新技術解決自己的問題。他花了十個星期的時間，設計製造了八雙不同的雪鞋。平日他在學校的機械工廠打造產品原型，週末則到山區試驗新鞋。到了第十個星期，他已經準備替他的創新產品申請專利。

等到他的設計更臻完美，克勒巴恩親手做了幾雙雪鞋到體育用品店推銷。採購人員看了雪鞋一眼，問他：「這是什麼？」他們以前沒看過這種雪鞋，而且雪鞋也沒有市場。但是克勒巴恩沒有放棄，他知道一定有很多人因為某種原因沒辦法滑雪，但仍然希望冬天能到山區度假、活動。最後，他決定自己創造市場。

每個週末，克勒巴恩親自帶著體育用品界的業務人員到白雪覆蓋的山區，讓他們試用他的新發明。他告訴他們，他們沒有任何義務向顧客推銷雪鞋，他只是想讓他們嘗試這個新運動。業務人員都很喜歡這樣的體驗，消息漸漸傳到他們店裡的採購人員耳裡。結果，體育用品店開始進貨，然而挑戰並沒有結束。

顧客雖然開始購買克勒巴恩的雪鞋，但不曉得雪鞋要在什麼時候使用，克勒巴恩只好說服美國各地的滑雪度假勝地開始提倡踏雪活動。他鼓勵他們規畫特殊的踏雪路徑，為顧客繪製路線圖，提供踏雪小徑通行證，並監控滑雪徑的狀況，以確保遊客安全。一旦完成這些動作，雪鞋的市場就自然而然日漸膨脹，從零開始一飛沖天，變成五千萬美元的大市場。克勒巴恩創辦的阿特拉斯雪鞋公司（Atlas Snowshoe）後來賣給K2運動用品公司，現在雪鞋和標示明確的踏雪小徑已經變得非常普遍。

由於克勒巴恩能看到機會，而且能將幾個點串連起來，包括跌斷的腳踝、想在雪地活動的心願、剛學會的產品設計技術，以及別人也能從好穿的雪鞋中獲益的敏銳觀察，所以能把接踵而至的厄運轉變為一連串的成功。他投入大量的時間、精力及不屈不撓的努力後，終於成功。許多人在過程中可能早就放棄，碰到每一次阻礙時卻步不前，甚至停下腳步，但是克勒巴恩卻在每一次挑戰中看到機會，等到克服了每一個困難、將所有片段組合起來後，成功的機會與日俱增。這一切之所以發生，都是因為克勒巴恩運用了魏斯曼描繪的每一種能力：他的觀察力很敏銳、個性外向、喜歡冒險、態度樂觀，而且努力不懈。每一種特質對於最後的成功都很重要。

勇敢積極創造幸運

克勒巴恩努力克服重重阻礙，為自己創造幸運，還有許多人則是以大無畏的精神，勇敢追求刺激的機會。考德伍得（Dana Calderwood）的故事就是很好的例子。考德伍得熱愛戲劇，他從高中時代就花很多時間參加話劇演出。我和他是高中同學，當時我們兩人都是話劇迷。演戲是我的嗜好，考德伍得則懷抱著導演夢，為了有朝一日有機會實現夢想，高中還沒畢業，他就開始慢慢創造自己的幸運。

我前面說過，考德伍得什麼都不怕。他積極地跑去問戲劇系主任，能不能讓他執導學校的下一齣話劇。過去從來不曾有學生提出這個要求，但是老師同意了。考德伍得沒有坐等上級指派，而是主動爭取自己想要的工作，他的導演生涯就從這一刻開始。他後來又在本地的大都會音樂劇院執導戲劇演出，那裡有一位導演是我們學校的校友，後來在好萊塢有很好的發展，他給考德伍得很多睿智的忠告。他告訴考德伍得，他在劇場採用的導演技巧和頂尖導演採用的技巧其實沒什麼兩樣。他的忠告讓考德伍得有信心看得更高、更遠。

於是，考德伍得到紐約大學就讀電影系，在那裡善用每一次機會。他下課後總是留下來，向教授邀請來演講的來賓致意，要求以後有機會的話可以當面請益，並請他們推薦其他可以聯絡請益的對象。他也把握每一次作業的拍片機會。起初，他像其他同學一樣，請朋友在他的影片中充當演員，不過考德伍得很快就明白，他可以利用

只要能抓住周遭每一個機會，我們可以慢慢從一個舞台跳到另一個舞台，每一次都更接近最後的目標。

這個機會邀請名演員擔任影片的主角。有一次在電視製作班上，教授出的作業是製作一個短短的電視節目。考德伍得的同學大半都互相做個簡短訪問，滿足作業的基本要求就算了，考德伍得卻邀請得過奧斯卡金像獎的女演員帕森斯（Estelle Parsons）加入（當時她正在一齣提名東尼獎的舞台劇中演出），而她也同意了。他的幸運來自於他注意到不明顯但令人興奮的替代方案，勇敢地爭取自己想要的東西。

接下來，考德伍得接受愈來愈大的挑戰，最後受邀執導電視節目《歐布萊恩深夜脫口秀》（*Late Night with Conan O'Brian*），一做就是很多年，後來又陸續執導了很多電視節目，包括《瑞秋雷》（*Rachel Ray*）、《料理鐵人》（*The Iron Chef*）等。如果考德伍得二十歲時看到成年後的自己，他會被自己的好運嚇壞了。其實他的幸運來自於把所知的一切應用到所做的每一件事情上，他不怕向別人爭取機會來做過去從來沒做過的事情，而且每一次成功都帶給他更深的領悟和更多的知識，幫助他承擔更艱鉅的挑戰。

在小舞台上執導和站上大舞台執導的經驗其實很相似，考德伍得很久以前就已經把這個觀念內化，因此他為自己創造出一個又一個機會時，才有足夠的信心跳到愈來愈大的踏腳石上。許多人在跨出這麼大一步時都會覺得很不自在，因此寧可待在比較小的舞台上。當然你可以辯稱，和一小群人密切合作、進行比較小的案子也有很多好處；其他人則夢想能躍上更大的舞台，卻因為自己目前的位階和想達到的地位之間距離太遙遠而退縮。考德伍得的故事告訴我們，只要能抓住周遭的每一個機會，我們可以慢慢從一個舞台跳到另一個舞台，每一次都更接近最後的目標。

我們在前面看到，透過比別人更加努力和專注於目標，每個人都可以創造自己的幸運。但是可以運用的工具還有很多，包括對周遭的機會抱著開放的態度、充分把握偶然的際遇、密切注意周遭世界發生的事情、盡可能和很多人互動，同時讓這些交往變成正面的助力。創造自己的幸運表示要化逆境為順境，並且讓順境更好。當我們能嘗試各種不同的經驗、大膽以獨特的方式組合這些經驗、並勇敢踏上我們嚮往的人生舞台時，就能大幅增加幸運之神眷顧的機會。

08
最有價值的生日禮物
改變人生的簡單小事

誰能料到
十歲生日時母親送我的萬用卡，
竟然變成我收過最有價值的禮物！

許多學校沒有教的簡單小事，
會對你的人生造成很大的不同。
多年來我因為不明白這些小事而跌過很多次跤，
也曾犯過一些無法彌補的錯誤。

誰能料到我十歲生日的時候母親送我的萬用卡，竟然變成我收過最有價值的禮物之一?!淡藍色的萬用卡上面以大寫字母印著「婷娜」。當時母親就教導小小年紀的我怎麼寫謝函，以及謝函是多麼重要。她說得對極了。事實上，等我長大進入職場後，我經常向母親請教，因為她總是知道在社交場合怎麼做才得體，但我向她學到的最重要一課，仍然是寫謝函的重要性。

在別人幫你忙時懂得表示感激，將會深深影響別人對你的觀感。要記住，別人為你做的每一件事情，裡面都隱藏了機會成本，換句話說，如果某人刻意花時間照顧你的需求，他們就少為自己或少為別人做一些事情。你很容易誤以為你只要求他幫了一點小忙，但是當別人很忙時，根本沒有小小的要求這回事，他們仍然必須停下手邊正在做的事情，把焦點放在你的需求，並花時間回應。明白這點之後，你應該曉得任何時候都該感謝某人幫你的忙。事實上，除非是極少數的例外狀況，你都應該寄出謝函。由於真正會這樣做的人寥寥無幾（很不幸），一定更顯得你與眾不同。

在別人幫你忙時懂得表示感激，將會深深影響別人對你的觀感。

世界上只有五十個人

其他還有一些事情會對你的人生造成很大的不同，有些是簡單的小事，有些則深具挑戰性；有的事情出於直覺，有的則出人意料之外；有的東西學校會教，但大多數都無法在學校學到。多年來，我因為不明白這些小事而跌過很多次跤，也曾犯了一些無法彌補的錯誤。

首先最重要的是，要記住，世界上只有五十個人；當然，事實上並非如此，但我們之所以會有這樣的感覺，是因為不管你走到哪裡，都很容易碰到認識的人，或你認識的人認識的人。坐在你旁邊的人說不定日後會變成你的老闆、員工、顧客或妯娌，同樣一批人在人生道路上很可能扮演許多不同的角色。有好幾次，我過去的上司來向我求助，而我也曾就教於過去的下屬。我們經常以料想不到的方式變換角色，你會訝異於同一批人不斷在你人生的不同階段出現。

由於世界這麼小，所以一定要與人為善，千萬不要自絕後路，無論你多麼想這麼做。你不可能喜歡所有的人，也不可能每個人都喜歡你，可是沒有必要製造敵人。比方說，當你謀職的時候，面談你的人很可能剛好認識某個你認識的人，如果你的名聲不錯，就會對你有利；但如果你的名聲不好，那可就糟了。

我曾經看過無數次以下的狀況。假設你正在應徵一份工作，有二十多個人和你競爭這個職位，面談進行得很順利，你似乎很適合這個職位。在面談過程中，主考官看了一下你的履歷，發現你曾經在老友手下做事。面談結束後，她撥電話給老朋友，打探關於你的事情。她的老友隨便說幾句話評論你過去的表現，可能就決定你會不會被錄用。很多時候你以為自己已經穩操勝算，卻馬上收到拒絕信，你永遠不知道自己為什麼出局。

基本上，你的名聲是你最寶貴的資產，所以要好好保護它。然而如果你在人生道路上犯了一些錯誤，千萬不要因此灰心喪志。經過一段時間的沉澱，你還是有可能修補受損的聲譽。

我常常用一個比喻來說明我的觀點：每一次你和別人互動的經驗，都好像落入池塘中的水滴，你和那個人交往愈密切，池塘裡累積的水滴愈多，池塘也變得愈深。好的互動是清澈的水滴，負面的交往經驗則是紅色水滴。但是兩者並非完全相等。換句

如果你在人生道路上犯了一些錯誤，千萬不要因此灰心喪志。經過一段時間的沉澱，你還是有可能修補受損的聲譽。

話說，要許多顆清澈的水滴才能稀釋一顆紅色水滴，而且對不同的人而言，需要的水滴數目都不一樣。寬大為懷的人通常只需要幾次正面的互動經驗（清澈水滴），就能稀釋以前留下的壞印象，比較嚴苛的人就需要很多清澈的水滴才能洗掉紅色污跡。此外對大多數人而言，我們往往只注意最近的經驗，而不太在意很久以前發生的事情。也就是說，如果你和某人互動時累積了很多正面經驗，那麼他幾乎不會注意到偶爾掉落的紅色水滴，就好像把一滴紅墨水滴到汪洋大海一樣；但如果你和某個人不是那麼熟，一次不好的經驗可能就會把池塘染紅。雖然你可以透過許許多多正面互動來洗刷對方留下的負面印象，直到紅水滴漸漸褪色，可是紅色愈深，便需要花愈多工夫來清洗水池。我發現有時候水池永遠不會恢復清澈，這時就應該停止和那個人交往。

這件事提醒我們，每一次和別人互動的經驗都非常重要，無論對方是你的朋友、家人、同事或提供服務的人。事實上，有的組織會根據你如何對待他們，來決定他們要如何對待你。比方說，有些知名的企管研究所會記錄申請就讀的人與他們互動的狀況，如果申請者對他們的接待人員很沒有禮貌，他們會把這件事記錄在申請者的檔案中，作為決定錄取與否的參考資訊之一。捷藍航空公司也是如此。蘇頓在《拒絕混蛋守則》中指出，如果你經常無禮對待捷藍公司的員工，你會被列入黑名單，發現自己不知道為什麼老是訂不到捷藍航空的機位。

好好說自己的故事

顯然，你不可能永遠取悅每一個人，總是會有一些作為惹惱某些人。想知道如何處理這樣的狀況，最好想像一下等到塵埃落定後，你會怎麼描述接下來發生的事。

幾年前，有個學生跑來問我的意見。他當時是學校經營企畫競賽的主辦人，有一組參賽者在決賽時缺席了。他們和其他所有入圍決賽的隊伍一樣，為這個競賽努力了七個月，克服了重重障礙，終於進入決賽。但到最後，他們沒有收到主辦單位的訊息，錯過了決賽的報告時間，一部分是因為主辦單位太晚公布報告時程，另一個原因則是他們太掉以輕心。來徵詢我意見的主辦人不知道該怎麼辦，他覺得顯然有兩個選擇：他可以堅持遵守大會的規定，取消他們的資格；或者他可以彈性處理，另外安排一個口頭報告時間。他的直覺反應是一切照規定來，因為其他人都有辦法準時出席，而且要重新安排時間很麻煩。我只給他一個建議：不管最後決定怎麼做，我希望他日後會很高興自己做了這個決定。我鼓勵他思考一下，如果在應徵工作的時候，別人用這一題考他，問他如何處理這樣的兩難困境，他會怎麼回答。結果，他們容許缺席的隊伍另找時間做口頭報告。我後來便了解，若要評估應該如何面對兩難的困境，思考你將來會怎麼樣描述這個故事是很好的方法。現在就好好編織這個故事，以便日後能夠很驕傲地告訴別人這個故事。

每個人都會犯錯。做錯事是人生的一部分，尤其是第一次嘗試的時候。我不知有多少次為了自己做了笨事而懊惱不已，不過我發現，關鍵在於必須學會如何彌補錯誤。比方說，很重要的是學會如何道歉；單純承認自己搞砸了都很不容易。你不需要發表長篇大論或拚命解釋，只需要說：「我沒有把這件事處理好，對不起。」愈早認錯並道歉就愈好，如果遲遲沒有道歉，造成的傷害會愈來愈大。

我有很多次機會練習如何彌補錯誤，以下的故事尤其令我難忘：我踏出校門沒多久，就在報上看到本地即將建造一座聖荷西科技博物館。感覺在那裡工作會很棒。研究創造力的先驅、史丹佛教授亞當斯（Jim Adams）將會擔任博物館館長。我每天都打電話去博物館辦公室，想要和亞當斯教授談話，但他們每一次都說他不在辦公室。雖然我沒有留言，接待人員仍然認得我的聲音，每一次我打電話過去，他們都會告知亞當斯。等到我真的和亞當斯通電話時，他手上的留言條已經有三公分厚。

亞當斯最後同意和我見面。我設法在面談時通過考驗，但是他們其實沒有正式職缺，所以他建議我和博物館最近請來負責設計展場的女士談一談。不無可能這位女士的第一個任務就是設法把我甩掉。她邀請我一起午餐兼面談，然而我們還沒有開始點菜，她就說：「我只想告訴你，你不太適合這個組織，因為你太咄咄逼人了。」我感覺眼淚就快奪眶而出，必須趕快想辦法不要這麼慌亂。我向她道歉，表示我很感謝她告訴我這件事，然後說大多數人都說我精力充沛、充滿熱誠。我告訴她，知道自己不小心讓別人留下了錯誤的印象，對我很有幫助，顯然我的熱誠令她誤會了。我的話立即化解了劍拔弩張的氣氛，我們談得很愉快，離開時，我已經得到這份工作。

這個故事告訴我們，為自己的行為負責以及願意從經驗中學習是多麼重要，一旦你能這樣做，就能很快向前邁進。這也呼應了前面提到的觀點，因為我目前在史丹佛大學工學院教學生創造力，而多年前亞當斯正是這門課的第一位授課教授。你瞧，這個世界很小吧！

最近人際互動專家卡瓦琪（Jeannie Kahwajy）告訴我，她的研究顯示，願意學習的人能夠有效地化逆境為順境。卡瓦琪有一些實驗是由招募人員假裝對應徵者進行面談，招募人員事先已經對應徵者有一些負面偏見。他們把應徵者分為三組，第一組應徵者必須設法證明自己應該獲得這份工作；第二組則奉命從雙方互動中學習；但對於第三組，也就是對照組，則沒有給予任何指示。她發現對照組和拚命想證明自己應該得到這份工作的第一組，都會強化招募人員原本的偏見，但能從雙方互動中學習的那一組，卻成功扭轉了招募人員的偏見。

充分掌握談判技巧

另外一個學校中很少教導的重要技巧是談判能力。我們和別人的互動大都是一連串的談判協商過程，如果不了解談判的基本原則，就等於是幫自己倒忙。我們和朋友協商週末晚上該去哪兒玩；我們和家人談判誰該洗碗、誰付帳單；我們和同事談判誰要留下來加班，完成公司指派的任務；我們也為車子的價錢和推銷員討價還價。我們整天都在和別人談判，但是大多數人渾然不覺，也不曉得怎麼樣才能高明的談判。

我在課堂上做過一個練習，乍看很像是應徵工作的人和雇主之間的簡單談判，他們必須透過協商敲定八件事情，包括薪水、休假時間、職務內容等，每個人在每個項目都會有一個分數，目標是盡量拉高自己在每個項目的分數。通常談判的雙方會依照順序逐一討論這八大項目，想要在每個項目都達成共識。但他們很快就明白，這個策略根本行不通。三十分鐘的談判結束後，有的小組達成決議，有的小組談判破裂。能夠達成協議的人要不是很渴望能夠一起合作，就是對最後的結果感到很不安。有的小組兩人最後的分數差不多，有的小組則兩人的分數落差很大。究竟是怎麼回事啊？

這個談判過程中最常見的錯誤就是做了不正確的假設，而最常見的假設是假定招募人員和應徵者的目標背道而馳。應徵者假定招募人員對每個談判項目的期望都和應徵者完全相反，其實雙方在其中兩個項目上目標相同，在另外兩個項目上目標則截然不同，此外有兩個項目對應徵者的重要性大於招募人員，另外有兩個項目對招募人

談判成功的關鍵就在於找出每個人的利益所在，
讓雙方都得到最好的成果。

員的重要性大於應徵者。雖然這個練習是預先設計好的，卻反映出人生中大部分的情境。即使雙方對某個議題的立場恰好對立，仍然會有共同的利益，而且某些議題往往對某一方的重要性大於另外一方。

而談判成功的關鍵就在於找出每個人的利益所在，讓雙方都得到最好的成果。當然說得容易，要做到卻很困難，因為大多數人都不肯輕易吐露自己的利益，認為如此才能在談判中占據有利位置，但這個策略往往是錯誤的，因為你想要的東西說不定與對方一致。

就拿我最近買車子的經過為例。我原本以為推銷員一定希望我花愈多錢愈好，而我自己則希望愈省錢愈好，但我決定測試一下這個假設，所以我在試車時問了一大堆關於汽車業的問題，包括如何計算銷售人員的酬勞等。結果我發現他的佣金多寡和車子的售價高低毫無關係，公司乃是根據顧客對他的評價來決定分紅。我告訴他，不成問題，只要他給我一個好價錢，我很樂意給他很棒的評價。於是，我們找到了雙贏的策略，如果不是我花時間探詢，我絕對想像不到我們的利益竟然如此一致。

創造雙贏局面

好消息是，你每天都有談判的機會，而且也有很多機會練習談判的技巧。以下的故事顯示隨時隨地都可能有談判的機會。幾年前，我到北京參加研討會，同事魯貝奇（Ed Rubesch）在那裡碰到他在泰國譚馬薩特大學教過的幾個學生，他們正在計畫一次長城日出之旅。聽起來很棒，所以我也熱切地想看看破曉時分的長城。我以為要安排這樣的旅程很容易，但不知怎麼的，事情竟然難如登天。我先詢問旅館服務台，沒有人能幫我。同時，我和其他同事談起這個想法，許多人都想加入這個旅行團。我們決定三點鐘在旅館大廳集合出發，能否順利成行就要看我的本事了。我不想令他們失望，但我毫無頭緒，不知道該如何進行。

旅館對面有一所教英文的語言學校，我覺得至少可以在那裡找到會說英文的人。櫃檯小姐建議我和大廳裡一個十七歲的學生談談，我向他自我介紹一番，然後坐下來和他聊天。我的目標是經由談判協商，讓他協助我達成目標。過了一會兒，我發現他是個優等生，還是音樂家和運動健將，而且正在申請大學。我知道該怎麼幫他了。我

談判前不要擬好明確的計畫，而是要注意聆聽對方說的話，弄清楚他背後的動機，這樣才能幫助你為彼此找到最好的結果。

告訴他，如果他能協助我們在破曉時分抵達長城，我會替他寫一封推薦信，協助他申請大學。對他而言，這個條件還真不賴，於是他花了幾小時就解決我的問題，而我也欣然寫一封推薦信描述他積極主動的精神、豐富的創造力及慷慨的行為。我們一起創造了雙贏的局面。

克里斯騰森（Stan Christensen）在史丹佛大學教授談判，他也發揮談判的最大價值而開創了自己的事業。他發現，大多數人因為做了錯誤的假設，結果沒有好好發揮談判的價值。克里斯騰森建議大家在談判時特別注意令你訝異的事情，因為這表示你做了錯誤的假設。他也建議你根據談判對象的利益和風格來決定談判策略，而不是根據你自己的利益。談判前不要擬好明確的計畫，而是要注意聆聽對方說的話，弄清楚他背後的動機，這樣才能幫助你為彼此找到最好的結果。

為人父母會讓你有無數機會磨練談判技巧。比方說，幾年前喬許想要買一輛新自行車，他很想參加自行車競賽，所以「需要」一輛很炫的新單車。他對我們說：「我已經做了一番研究，找到最完美的自行車，這件事對我而言真的很重要。」我們的反應是：「很好啊……我們不可能花那麼多錢買自行車，只願意付一半的錢。不過也許你可以想辦法讓這件事對我們更有吸引力一點。」我鼓勵喬許想一些他可以為我們做的事情，那麼花大錢買來的自行車會變得更有價值些。他要怎麼做才可以讓我們的生活更輕鬆舒適呢？

他想了幾天後提出建議。他提議自己洗衣服，同時每個星期有三頓晚餐由他負責買菜，為全家人準備晚餐。我和我先生考慮了一下，覺得條件還不錯。他協助做家事，為我們省下很多時間，他自己也學到很多重要的技能。我們同意了他的條件，於是喬許獲得一輛新自行車，而且認真履行他的責任。我們和所有父母一樣，有很多機會談判未來的「交易」，結果顯示任何談判最重要的結果都是得到下一回談判的機會。第一樁敲定的交易只是起步而已。如果第一樁交易很公平，雙方都信守承諾，那麼很可能下一次談判會更順利。我在前面提過好幾次，這個世界小得不得了，一再遇見某人是人生的常態。

找出「最佳替代方案」

在某些情況下，你可能找不到雙贏的解決方案，那麼最好就此罷手。克里斯騰森為學生舉的例子是房地產交易。當你釐清各方之利益所在，發現彼此的目標沒有交集，那麼放棄這樁交易是最好的選擇。儘管如此，大多數學生仍然會達成交易，即使這項交易對雙方而言並非最理想的選擇。許多人誤以為達成任何交易都比罷手來得好，但並非都是如此，永遠要把放棄這樁交易當做可能的選擇。

想知道自己是否應該放棄某樁交易，最好的辦法是了解還有什麼其他選擇，才能將這些可能的方案和手上的交易內容做個比較。套句談判的術語，這就叫「協議的最佳替代方案」（BATNA, Best Alternative to a Negotiated Agreement）。當你展開談判時，一定要曉得你的「最佳替代方案」是什麼。克里斯騰森以迪士尼和環保團體的談判作為例子。迪士尼想要建造一座新的主題樂園，而環保團體大力反對，他們反覆討論迪士尼蓋主題樂園的同時，可以採取哪些行動來保護環境。雙方一直沒有共識，導致談判破裂。結果呢？新樂園因此沒蓋成。不久以後，一位地產開發商買下這片土地，在同一個地點蓋了大批房子，而住宅區對環境造成的衝擊比主題樂園還嚴重。假如當初環保團體把「最佳替代方案」納入考慮，他們會明白，和迪士尼達成協議才是最好的結果。

一般而言，若要有效談判，你必須了解自己的目標和對方的目標，試圖找到雙贏的解決方案，而且要知道何時該罷手。說起來簡單，但需要下很多工夫才能精通這些技巧，讓雙方都滿意。

學習助人的藝術

另外一個寶貴的技巧是助人的藝術。我念大學的時候，每個星期和父母通一次電話，每次結束通話前，母親總會說：「有什麼我幫得上忙的地方嗎？」她的態度所顯現的慷慨寬容令我印象深刻。在大多數情況下，她其實幫不上什麼忙，但是單單知道如果我需要，她很願意幫忙，就令我安心不少。年紀漸長，我慢慢明白，我們對朋友、家人和同事都可以這樣做。當你問別人有沒有什麼地方需要幫忙，他們總是因為你伸出援手而感到高興。少數人會真的接受你的好意，不過多半只是請你幫個小忙。

若要有效談判，你必須了解自己的目標和對方的目標，試圖找到雙贏的解決方案，而且要知道何時該罷手。

偶爾有人會要求你幫一些辦不到或不願意做的事情，但即使你婉拒他們的要求，他們仍會感激你主動提供幫助，而且體諒你幫不上忙的情況。

如果你沒有經常向別人伸出援手，我建議你試試看這樣做。但是如果對方接受了你的好意，你就必須真心樂意幫忙。正如蓋伊．川崎所說：「你應該隨時都試圖當『好人』。」他繼續說：「好人會幫助別人，儘管別人不一定會回報他們的恩惠。當然，要寬宏大量地對待未來或許能助你一臂之力的人很容易，可是當好人的意思是說，即使確定對方沒辦法回報你，你仍然願意幫助他。你高興的話，可以稱之為因果循環，但是假如你能寬以待人、樂於助人，那麼別人感恩圖報，一定也很願意幫助你。」

我年輕時還不太清楚如何幫助別人。讀大一的時候，班上有位殘障人士，走路必須拄著拐杖。有一天，他上課途中在斜坡上滑了一跤，跌倒在地上。他掙扎著想站起來，我不知道該怎麼辦，如果不伸出援手，只是若無其事地走開，我會覺得很不安，但是又害怕如果走過去幫他，反而會讓大家注意到他的殘障，令他感到難為情。當班上同學的母親久病過世時，我也有同樣的感覺。我不知道應該說什麼，深怕自己說錯話，於是選擇什麼都不說。多年後，我在史丹佛校園跑步，前一天剛下過雨，天雨路滑，我重重摔在泥濘的路面上，身上青一塊、紫一塊，渾身髒兮兮的，而且覺得很痛。我坐在路邊，淚如雨下。至少有十幾個人經過我身邊，沒有一個人問我需不需要幫忙。這時候我才明白，幾年前我真的應該向跌倒的那個人伸出援手，也應該對喪母的同班同學致意：「你還好吧？有沒有什麼我幫得上忙的地方？」看起來很簡單，我卻花了很多年時間才弄清楚。

不管是對待陌生人或團隊合作，這都是很重要的教訓。可惜在大多數的情況下，我們受到的鼓勵都是為了獲勝——甚至不惜犧牲別人——卻很少練習如何幫助別人。我還記得剛上大學的第一個星期，我問宿舍同學微積分的問題時，他不加思索就表示：「如果我幫你，你就會表現得比我好，結果你會申請上醫學院，把我擠掉。」我這可是完全實話實說，沒有渲染。他不願意幫我，理由是四年後我們可能是競爭對手。幾年後，我聽到兒子感嘆老師根據曲線分布為班上同學打分數，這表示除了專心念書準備考試，他們還得思考自己和班上同學相較之下表現如何，如此一來會大幅降低他們助人的意願。

你在組織中的地位愈高，個人貢獻就變得愈來愈不重要，因為你的職責是領導、啟發和激勵他人。

團隊合作彼此互補

在這樣的環境工作多年後，我完全不知道該如何和別人通力合作。我花了很長時間才明白，這種犧牲別人、成就自己的競爭心態其實毫無建設性。我們人生中每一件事情幾乎都要靠團隊合作才能完成，如果你不知道如何幫助別人成功，將對自己很不利。最懂得團隊合作的人，總是盡力幫助別人成功。事實上，你在組織中的地位愈高，個人貢獻就變得愈來愈不重要，因為你的職責是領導、啟發和激勵他人。你的工作大半要靠同事來完成，他們負責執行你的構想。因此，如果你不能和別人好好合作，你的執行力就會愈來愈差。成功的團隊成員都了解每個人背後的驅動力是什麼，也會設法協助他人成功。除此之外，卓越的領導人會懂得讓每個人發揮所長。

我曾經參加過一些團隊，團隊中每一位組員都覺得自己負責的工作最輕鬆。試想一下，這其實是完美的工作環境，每個人都做自己最擅長的事情，而且很感激隊上其他人的貢獻。每個人的工作都和他的才能及興趣配合得天衣無縫，每個人都很高興自己能有所貢獻，也讚揚其他人的貢獻。俗話說「在箭的旁邊畫靶」正是最好的寫照。我最初是從同事葛里克口中聽到這個說法，他在哈佛大學的時候，這句話簡直變成研究小組的箴言。重點在於，你應該盡可能挑選最能幹的人才（箭），然後根據他的長才來設計工作內容（靶）。如果能讓真正有才幹的人發揮所長，就會產生驚人的結果，他們得以施展抱負，而且比從事與自己志趣和才華不合的工作有更大的貢獻。關鍵在於，團隊成員的才能必須互補。

應徵工作時，你的目標是弄清楚這份工作是否真的適合你；換句話說，就這個「靶」而言，你是最適合的「箭」嗎？我們往往只把焦點放在獲得工作上，而沒有思考這份工作是否最適合我們的興趣和才能，更重要的是，我們能否與團隊其他成員合作無間。要釐清這點，其中一個方法是設法討論工作以外的話題，例如在履歷表上列出嗜好和興趣就是個好主意，如此一來會吸引和你面談的人討論這個話題，進而發現共同的興趣。我曾經一再看到這樣的情況，你們或許都喜歡印度美食，或他們對你蒐集的木化石感到好奇，你們參加同一個兄弟會，或求學時曾經參加同一類體育競賽。這樣的題材會吸引面談的人和你聊聊，並呈現出你更多元的個人面貌，而不僅僅是一堆工作經驗的組合。這也是讓你更了解面談者的好方法。

聰明人往往會掉入一個陷阱：他們寧可做「聰明」的事，而不是「正確」的事。

做對的事，而不單是做聰明的事

聰明人往往會掉入一個陷阱：他們寧可做「聰明」的事，而不是「正確」的事。《僧侶與謎語》的作者高米沙強調，這兩個概念常被混為一談。聰明人往往過度分析問題，想出最符合個人利益的解決方案（聰明的選擇），卻不見得是最正確的選擇。他以自己的故事來說明他的觀點。

高米沙找了一個包商來替他修房子。這個包商簡直糟透了，他完成工作後，高米沙接著還需要做很多動作來彌補他犯的錯誤。完工很久之後，有一天這名包商打電話給高米沙，表示最後一筆款項還沒有付清。高米沙曉得這名包商是個很沒有條理的人，他很有把握包商絕對無法證明這件事。但高米沙檢查自己的紀錄時，發現自己的確還沒有付清尾款。原本他大可質疑包商的簿記，並順理成章地不付這筆款項，不過高米沙知道，雖然他不滿意包商的工作成果，卻仍然欠包商這筆錢。所以他寫了一張支票，心裡很清楚這樣做才對。

做對的事，而不單是做聰明事。當我思考這個問題時，就會想起擔任陪審團成員時碰到的一個訴訟案。有一位女士控告她的老闆，在她即將拿到股票選擇權之前幾天無緣無故將她解雇。這個案子審理了十個星期，我有很多時間思考什麼才是「正確」的判決。法律乃是站在雇主這一邊，因為原告本來就是隨時可能被解雇的員工，而不確定的是，雇主是否考慮到解雇的時機、做了「正確」的事。陪審團討論了好幾天。回頭來看，要慎思熟慮實在非常困難，因為我們都為了究竟要做對的決定還是聰明的決定而內心交戰。最後，我們決定站在原告這一邊，但給予的賠償遠低於她要求的數目。我後來得知，原告決定上訴，又展開新一輪的官司。

包商的故事和這樁訴訟案都突顯了一個事實，做正確的事情和將最符合自己利益的決定合理化，兩者其實是兩碼子事。你的行為總是會影響別人對你的觀感，我提過無數次，你很可能會在人生道路上一再遇到同樣的人。不說別的，他們一定會記得你是多麼自私。

三的法則

許多自找麻煩的人最常犯的錯誤就是承擔了太多責任，結果只帶來連連挫敗。人

人生是一場美食盛宴，自助餐檯上擺滿了各種誘人的機會，但是一下子拿太多到自己的盤子裡，很可能會消化不良。

生是一場美食盛宴，自助餐檯上擺滿了各種誘人的機會，但是一下子拿太多到自己的盤子裡，很可能會消化不良。人生就和自助餐會一樣，你可以什麼都拿一些，可是千萬不要在同一個時間拿；要知道，隨著你的人生道路開展，許多事情都會改變。這不是什麼新觀念。事實上，美國海軍陸戰隊和其他軍種都有所謂「三的法則」，經過多年的嘗試和錯誤，他們發現大多數人一次只能追蹤三件事情，於是整個軍中制度的設計都反映了這個原則。班長負責帶領三個小隊，排長負責帶領三個班，而一個連有三個排。軍方曾實驗「四的法則」，結果領導效能直線下滑。

如果我要你限制自己只優先處理三件重要事情，你可能會覺得很沮喪，但是你可以避免「非此即彼」的二分法。的確，有的事情可以一件件依序完成。比方說你初為人父或人母時，其他事情都必須暫居次要地位；還有當你面對工作完成期限的巨大壓力時，其他的一切都得先擺在一邊。不過，還是有很多方法可以一次滿足不只一個慾望。舉例來說，如果你喜歡煮菜，又想多花些時間和朋友聚會，你可以創辦一個烹飪俱樂部。幾年前我碰到一位女士，她成立了一個叫「切切聊聊」的社團，每個星期日，社團的六名會員都會到其中一人的家裡聚會，每個人各自帶作料來做不同的料理，然後分成六大份。聚會結束時，大家都可以帶六道菜回家，供家人下個星期享用。「切切聊聊」是很有創意的方式，讓女性可以一起做菜、一起聊天，同時為家人準備餐點。

你也可以找到創新的方式，結合工作和你熱中的其他活動。就以創投家曼德寶（Fern Mandelbaum）為例，你會假定和曼德寶會面的地點一定是在她的辦公室，但曼德寶也是運動迷，所以如果你想和她討論創業計畫，最好有心理準備，你可能要和她來一次長途健行。每個認識曼德寶的人都曉得，和她會面時最好穿運動鞋，隨身攜帶一瓶水。曼德寶發現，這是深入了解創業家、又能呼吸新鮮空氣和運動的好方法。還有擅長在絲綢上作畫的得獎藝術家賈思（Linda Gass）。她除了是畫家，也是熱心的環保份子，多年來一直設法結合不同的興趣，利用藝術作品來傳達重要的環保議題。

總而言之，不需要太多練習，你就可以避免人們在自己人生道路上設置的阻礙和陷阱。其中一個最好的方法就是對幫過你的人表達感激，隨時在桌上準備一疊謝卡，而且經常利用。還有絕對不要忘了，這個世界非常小，你可能三番兩次碰到同一個人，所以要好好保護自己的名聲，這是你最寶貴的資產。要學習如何簡單說出「對不起」這幾個字，向別人道歉。要牢記，每一件事都是可以協商、可以談判的，要學會如何達成雙贏的局面。學習如何善用別人的長處，讓他們做自己最擅長的事情。還有要做正確的事情，而不是只做聰明的事情，以後你才能自豪地告訴別人自己的故事。

最後，不要太貪心，一下子承擔太多責任，否則很可能令自己和別人失望。

09
老師，這個會不會考？
不要放過任何能大放異彩的機會

學生最喜歡問老師：「這個會不會考？」
經過多年學校教育的不斷強化後，
學生都曉得他們只需要達到最低要求，
就能拿到想要的成績。
要達到別人的期望並不困難，
然而如果能突破自己的極限，
就會發生許多不可思議的事情。

我從來不用 PowerPoint 上課，只有在開學第一天，需要向學生說明接下來十個星期的上課內容時（我們學校採學季制，一季上十星期的課），才會藉助 PowerPoint 的輔助。我會在最後一張幻燈片中列出我的承諾，以及對學生的期望。幻燈片上打出的最後一個重點通常是：「千萬不要錯失能大放異彩的機會。」我承諾每堂課都把最好的東西拿出來，也期望學生和我一樣。我也告訴學生，我很樂意讓每個人都拿「A」，但拿A的門檻很高。而且這是我第一次、也是最後一次提這件事。

結果呢，學生的表現不斷超乎我的預期，也超乎他們自己的期望。他們懷抱著高度的熱誠，準備讓自己大放異彩。隨著時間一天天過去，他們不斷提高A級表現的標準。事實上，幾年前有一次我提早幾分鐘進教室，發現有一個學生坐在教室外面，聆聽她的新 iPod nano。我以前從來沒看過這個玩意兒，請她借給我看一下。她交給我的時候，把它翻到背面。後面刻了幾個字：「千萬不要錯失能大放異彩的機會！」顯然她在網路上訂購 iPod 時，可以選擇在背面刻幾個字，她沒有選擇把自己的名字或聯絡方式刻在上面，而是選擇了這句話，因為她希望自己時時刻刻都記得這句話。她要達到別人的期望並不困難，然而如果能突破自己的極限，就會發生許多不可思議的事情。

當然不是為了我才這樣做，她這樣做，完全是為了自己。

盡己所能，大放異彩

這句話產生的深遠影響一直令我訝異不已，彷彿學生就等著接受這個指令，渴望別人准許他們盡己所能、擊出全壘打、大放異彩。可惜大多數的情形並非如此。我們受到的鼓勵都是「要符合標準」；換句話說，別人往往有意無意地鼓勵我們付出最少的努力，以達成基本要求。比方說，老師出作業時會清楚說明，必須達到什麼要求才能拿到某個分數。學生最喜歡問老師：「這個會不會考？」老師都很痛恨這個問題，經過多年學校教育的不斷強化後，學生都曉得他們只需要達到最低要求，就能拿到想要的成績。在職場上，當上司列出下屬必須達到的目標、告訴下屬拿到紅利和獲得升遷的標準為何時，也是同樣的情形。

只要清楚知道能獲得什麼回報，要達到別人的期望並不困難，然而如果能突破自己的極限，就會發生許多不可思議的事情。事實上，我相信每個人心中都壓抑著一股強烈的欲望，很想要打破上限。就好像我們拚命搖動汽水瓶的時候，會有一股氣體衝破瓶蓋一樣，能破除心中重重限制的人也能達到驚人的成就。

朵喜（Ashwini Doshi）就是個很好的例子。我幾年前認識她的時候，她還在就讀研究所，申請擔任我們系上的研究助理。我雖然是個開放的人，可是當她走進我的辦公室面談時，我還是大吃一驚。朵喜長得很漂亮，但只有一百一十公分高。她的聲音像小女孩，思想卻完全是個成熟的大人。說來很難為情，我還是得老實招認，當時我並沒有雇用她。這對朵喜來說早已司空見慣，人們往往被她的外表嚇住了，常常需要經過多一點互動，才不那麼在意她和其他人在外表上的差異，比較自在地深入了解她這個人。幸好後來她決定選修我的課，我才有機會進一步了解她。等到我們的研究小組又有職位出缺的時候，我趕緊把握機會聘用她。朵喜在工作上有非凡的成就，她很善於和別人合作，總是表現得超乎預期。

朵喜是在孟買的大家庭中長大，家裡包括她的父親、三個哥哥、三個嫂嫂和他們的子女，還有祖父母，總共住了十九個人。朵喜出生時和正常嬰兒無異，但是還不到一歲就可以明顯看出她的發育有問題。印度醫生沒有辦法指導她的父母如何照顧她，於是把X光片寄去美國給專家評估。醫學上唯一的辦法是把她的骨骼伸展到極限，整個過程需要在六年內動六次手術，每一次她都必須在床上躺幾個月，對這個好動的小女孩而言，這幾乎是不可能的事。

幸好朵喜的父母心胸開放，而且非常疼愛她。換做是其他印度家庭，父母可能因為家裡有個如此不正常的孩子而覺得丟臉，會把小孩藏起來，不願別人看見。但朵喜的父母沒有這樣做。事實上，他們讓朵喜上孟買最好的學校，而她在學校總是有出類拔萃的表現。她對任何事都抱持著非常正面的態度，而且從很小的時候起，她反而因為自己異於常人而產生一種不可思議的動力。朵喜一直認為自己是個正常人，只是過著很不尋常的生活。

朵喜打從心底認為天下無難事，只怕有心人，也一次又一次證明她的想法是對的。她獨自從印度來加州讀研究所。初抵加州時，除了要克服文化差異的挑戰，以及自己在生理上的限制之外，她一個人都不認識。許多朋友勸她一動不如一靜，因為對她而言，在印度生活畢竟輕鬆多了，但是她堅持己見。她剛抵達史丹佛大學的時候，公寓提供她的唯一便利性設施只有一個小小的踏腳凳，讓她在廚房煮飯時搆得著爐子。她每天都得發明各種新方法來克服各式各樣的障礙。

然而當我問她需要面對哪些問題時，她卻想了很久都想不出來，她根本不把這些問題當一回事。當我再次逼問時，她才提到很難找到願意教她開車的駕駛訓練班。多年來她都是搭別人便車或搭乘大眾交通工具，後來決定自己學會開車，並買了一套踏板延長器，以便踩得到油門和剎車。她打了十幾通電話，終於找到一個駕駛訓練班願意收她當學生。

最令人佩服的是，無論你請朵喜做什麼事，她交出的成果總是超越原先的目標。她還有什麼遺憾嗎？事實上，她希望自己年輕的時候更大膽地冒更多風險。雖然克服了這麼多困難，朵喜仍然認為自己挑選了最安全的路來走。她認為人生沒有辦法彩排，只有一次機會端出最好的表現。朵喜可說是最好的榜樣，她從來不錯失任何可以大放異彩的機會。

人生沒有辦法彩排，只有一次機會端出最好的表現。

「嘗試去做」不如放手去做

要表現出自己最好的一面，表示你必須下定決心，每一次都超越別人的期望。從反面來看，如果你花最小的力氣，只求符合基本要求就好，那麼你就是在欺騙自己。聽起來好像小學校長在訓話，但我說的都是真心話。把所有錯失的機會全部加起來，就是一筆龐大的赤字。想像一下同樣投資一百元，五%的投資報酬率和一五○%的投資報酬率之間差距有多大，而且這種價值上的差距會隨著時間日益擴大。人生也是如此，你在人生中投入多少就獲得多少，得到的結果每天以複利方式累積增長。

史丹佛機械工程教授羅斯（Bernie Roth）在設計學院用一個發人深省的練習來突顯他的觀點。他叫一個學生站在教室前面，然後說：「試試看把這個空瓶子從我的手上拿走。」他握緊瓶子，學生試著拿走瓶子，不可避免地失敗了。羅斯這一次稍微改了一下說法：「把空瓶子從我的手上拿走。」學生比上次更用力，但通常還是徒勞無功。羅斯進一步刺激學生，堅持他一定要想辦法把瓶子拿走。通常到了第三次嘗試，學生就會成功。

這個練習給我們的教訓是什麼？嘗試做某件事情和實際去做某件事情，中間有很大的差別。我們常說自己嘗試去做某件事情：嘗試減肥、嘗試多做運動、嘗試找工作。但事實上，你要不就做這件事，要不就是沒在做這件事，所謂「嘗試去做」，其實是避重就輕的推託之詞。你必須集中意念、以至少百分之百的付出讓這件事情發生，如果沒有達到目標，只能歸咎於自己。

羅斯也告訴學生，所有的藉口都是沒有用的屁話，我們用藉口來掩蓋不夠努力的事實。這個教訓適用於人生中的不同層面，你沒有藉口遲到、不交作業、考試沒考好、沒有花時間陪伴家人、沒有打電話給女朋友等。你可以編出其他人能夠接受的說詞，例如工作太忙或身體不舒服之類，然而如果你真心想做這件事，就會設法辦到。

這些話聽起來非常刺耳，因為我們太習慣編造各種藉口和聽別人的藉口。羅斯也知道很多藉口或理由聽起來「很有道理」，所以人們往往會接受，但即使你不得不對其他人編出一套說詞，對自己卻不應該隨便找藉口。你需要面對一個事實：如果你真的想要辦到某件事，那麼能不能真的辦到，完全掌控在你自己手上，看你要把它列為當務之急，還是將它從優先名單中刪除。

我們沒辦法達成目標時總是喜歡找藉口，怪罪別人或歸咎於外在因素的阻礙，但從頭到尾，達到目標都是你自己的責任。

羅斯為了充分說明他的觀點，要求學生寫下他們最大的目標，然後列出所有令他們無法達成目標的障礙。學生通常花幾分鐘列出所有障礙，然後羅斯會挑戰學生，讓他們看清楚，唯一應該列在單子上的項目是他們自己的名字。我們沒辦法達成目標時總是喜歡找藉口，怪罪別人或歸咎於外在因素的阻礙，但我要再度重申，從頭到尾，達到目標都是你自己的責任。

為自己的人生負最大的責任

這些練習強化了一個觀念：你必須為自己的人生負最大的責任，任何時候都沒有理由不盡最大的努力。成功的韓裔美國創業家李忠文（Chong-Moon Lee）就是個好例子，他的故事正是為了達到目標而克服路上一切阻礙的最佳範例。李忠文曾經受過法律、商業和圖書管理學的訓練，原本以為自己這輩子會在大學當個圖書館管理員，卻被迫投入家族在韓國的製藥生意。最後，他受不了家族成員之間的緊張關係，決定離開家族企業。他來到矽谷開創新事業，把美國商品賣到日本，過著優渥的生活，於是他決定替兒子和女兒各買一部電腦。他送給兒子一部IBM個人電腦，女兒則為蘋果二號電腦，因為他的想法比較傳統，認為兒子將來會從商，所以需要比較「專業」的電腦，而女兒大概只需要用電腦來完成學校作業。結果，兩個孩子成天都在玩那部蘋果電腦。李忠文看到蘋果電腦的軟體和圖形介面居然有這麼大的魅力，靈機一動，覺得應該想辦法讓蘋果軟體在 PC 上運作。他原本以為可以在一年內輕而易舉地開發出這樣的軟體，結果卻花了六年時間。李忠文把全部家當投資於個人電腦繪圖卡新事業「鑽石多媒體公司」（Diamond Multimedia），有一段時間窮得只能撿雜貨店丟掉的包心菜來吃，但他始終堅持自己的目標，經過漫長的十四年努力，鑽石多媒體終於成為美國頂尖的圖形加速器製造商。李忠文認為自己之所以成功，是因為他不屈不撓地專注於目標上，而且將全副心力投注在自己所做的事情上。

另一個例子是前面提過的雪鞋設計家克勒巴恩。克勒巴恩總是表現得超乎自己和別人的預期，他最近成為郵差包和行李箱製造商 Timbuk2 公司的總裁。在克勒巴恩上任前，位於舊金山的 Timbuk2 公司由於成長太快、產能卻跟不上而栽了跟頭。公司的基本設施不足，在不同建築物上班的員工各自為政，士氣非常低落，於是他們延攬克勒巴恩擔任領導人，希望他能扭轉乾坤。克勒巴恩仔細檢視了公司狀況，目標是把公司各部門提升到一流水準。他採取的第一個動作是讓所有員工遷到同一棟大廈中辦公，希望培養出更強烈的凝聚力和認同感。然後他帶領管理團隊進行為期七天的野外探險，在這七天之中，他們必須彼此依賴、互相幫助，辦公室內的所有爭執相形之下顯得庸俗不堪。接下來，克勒巴恩決定員工獎勵方式必須能反映和強化公司目標。所有的員工每個月都必須填寫問卷，說明他們的興趣和活動，然後以抽籤方式抽出一位員工，這位員工會收到一個特別依照他的興趣量身打造的郵差包；這個獨一無二、設計新穎的郵差包，正充分展現了公司富於創造力和創新精神的特色。

然後，由於受到 Mozilla 共享資源的設計精神所啟發（Mozilla 開放來源碼，鼓勵使用者改進他們的產品），Timbuk2 也對線上社群開放設計流程，邀請顧客一起為下一代新產品設計功能和特色。數以百計的顧客參與了這個流程、觀看設計圖，並提供許多好點子，進一步擴大 Timbuk2 產品所涵蓋的範圍，不斷帶來新洞見和新構想。

即使克勒巴恩的團隊只採取一些基本步驟稍作整頓，Timbuk2 很可能還是會變成一家成功的公司，但是他超越這些預期，一心一意想將 Timbuk2 打造為頂尖公司。

拼圖遊戲：要競爭，還是合作？

大家往往以為，像李忠文和克勒巴恩等締造了非凡成就的人物，一定有著強烈的競爭心態；許多人會猜想，他們為了達到自己的目標，一定不惜犧牲別人。但喜歡競爭和有強烈的驅動力要達成目標其實有很大的不同。喜歡競爭表示這是個零和遊戲，你的成功是以別人為代價；有強烈的驅動力卻是在自己的熱情驅使下，努力做到自己想做的事，不過許多偉大的領導人都會受到周遭成功人物的啟發和激勵。

我認為要成功創業，強烈的驅動力比競爭心更重要，而我設計了一個模擬練習來突顯這個觀點。做這個練習的時候，我把所有人分成六個小組，然後打開五份完整的拼圖，每份拼圖都有一百個碎片。參與者可以盯著拼圖看一分鐘左右，然後我拿走其中幾片，再把五份拼圖的碎片全倒進枕頭套裡混在一起。接著我再隨機把拼圖碎片分給六組，同時還分給每一組二十個籌碼當做現金使用。所有小組必須在一小時內完成拼圖，時間一到就開始計分。我們會數數看每一組完成的最大一塊完整拼圖包含多少碎片，每一片可得一分，然後再計算其他小塊拼圖中包含了多少碎片，每一片只能得

喜歡競爭表示你的成功是以別人為代價；有強烈的驅動力卻是在自己的熱情驅使下，努力做到自己想做的事。

到〇・五分。能在一小時內拼出任何完整拼圖的小組則得到二十五分的額外獎勵。

由於我們有六個小組，卻只有五份拼圖，因此參與者必須決定，如果想要收集到必需的拼圖碎片，他們究竟要採取競爭方式、合作方式，還是既競爭又合作。換句話說，他們要模擬現實世界的狀況：參與者曉得完成任務必需的所有碎片都在這裡，但是沒有一組能掌控所有的資源，所以各組必須設法獲得他們需要的資源才能成功。除此之外，由於拼圖碎片根本不夠分配，有的小組必須想出替代方案來創造價值。在現實世界裡，生態系統中會包含許多不同的角色，這個世界也不是靜止不動的，所以遊戲開始之後，每隔十分鐘左右就會出現一些狀況。我可能會拍賣我手中掌握的拼圖碎片，或出售完整拼圖的照片，或要求每一組都派出一位組員，帶著幾個碎片到其他小組去。他們必須以創意和彈性，因應不斷變動的環境。

為了成功達到目標，所有的小組必須通力合作。他們一開始彼此交易、交換拼圖碎片，想辦法在不必放棄太多資源的情況下，為自己創造最大的利益。因此，他們的策略和行動必須在不斷變動的環境中求取平衡，還要弄清楚組員之間如何分工，以及如何在競爭和合作之間有所取捨。由於拼圖的數目少於小組的數目，所以至少有一組必須決定不把目標放在完成拼圖，而是設法扮演不同的角色。有時候某一組會選擇分散加入其他小組；有時候兩個小組會自動合併為一組；有時候某一組可能扮演仲介的角色，向其他小組買進和賣出拼圖碎片。我很喜歡和大一點的團體一起玩這個遊戲，因為這樣一來可以把他們分成兩、三個生態系統，每個系統都有六個小組，但只有五幅拼圖。於是他們會平行發展出不同的策略，遊戲結束後可以做一些很有趣的比較。

通常當所有的小組都決定採取競爭的策略時，得到的結果最糟糕。他們會緊緊抓住手上的資源不放，拒絕和別組交換拼圖碎片。這些團隊把全副心思放在「贏」上面，結果反而全都成了輸家。有時候這些小組其實心知肚明，如果大家合作會使成績比較好，但最後仍然決定彼此競爭，因為競爭已經根植於我們的文化中，變成每個人的本能反應。此外，努力想讓其他隊伍輸掉的小組，通常自己最後會變成輸家。比方說，我第一次玩這個模擬遊戲時，有個小組決定緊抓住其他小組需要的幾塊拼圖碎片不放，等到一小時的時間快到時，他們才打算把這幾塊拼圖碎片賣給其他小組，卻引起其他小組反彈。結果時間一到，由於這些小組花了太多時間彼此競爭，距離完成拼

當資源有限的時候，比起純粹的競爭，更好的策略通常是努力讓自己和別人都成功，因為這樣做能達到雙贏的目的。

圖還有一大段距離，結果最後那幾片拼圖沒有提供任何額外的價值。

這個練習是很好的提醒，讓我們看到當資源有限的時候，比起純粹的競爭，更好的策略通常是努力讓自己和別人都成功，因為這樣做能充分運用其他人擁有的才能和工具，達到雙贏的目的。一般人以為運動和商業都是非常競爭的環境，然而無論在體育界或商業界，我們都看到類似的情形。比方說，阿姆斯壯在《重返豔陽下》（*It's Not About the Bike*）書中詳細描述在環法自行車競賽中，競爭者如何在路途中彼此合作，讓每個人都成功。許多相互競爭的公司，包括雅虎和 Google 在內，也都大力擁抱「合作」的觀念，想出深具創意的合作方式，充分發揮彼此的長處。

諾斯壯的倒立金字塔

談到非凡的表現時，許多公司都挑選自己真的能大放異彩、出類拔萃的領域。BMW 專注於一流的工程技術；沃爾瑪量販店承諾顧客最低價；迪士尼樂園努力成為地球上最快樂的地方；諾斯壯百貨公司（Nordstrom）則盡力提供世界級的顧客經驗。如果你問經常光顧諾斯壯分店的顧客對諾斯壯觀感如何，大多數人至少會告訴你一個故事，描述他們得到的服務是多麼不可思議。

我曾經有機會見到諾斯壯三兄弟中目前實際肩負經營重任的兩兄弟艾瑞克（Erik Nordstrom）和布雷克（Blake Nordstrom），了解到他們如何灌輸員工「顧客至上」的價值觀。令人訝異的是，在諾斯壯，為顧客提供卓越的服務沒有任何特殊規定或祕訣，基本上在簡短的新人訓練後，銷售員就得運用自己的最佳判斷來解決眼前的問題，公司授權他們站在顧客的立場來做決定。由於每個銷售員各有不同的判斷，他們會各自以獨特的方式來滿足顧客的要求，所以面對類似挑戰會出現各式各樣的因應方式。諾斯壯也有一種說故事的文化，流傳在公司裡的卓越顧客服務故事不但啟迪人心，也能樹立榜樣。而且諾斯壯授權員工以創新方式解決問題，同時也容許他們犯錯。布雷克和艾瑞克指出，如果員工為了服務顧客而不慎犯錯，通常公司會寬容以待，而且員工幾乎不會再重蹈覆轍。

在諾斯壯百貨公司，所有的獎勵措施都是為了創造美好的顧客經驗。每個經理人努力促使自己的團隊成功，所有的員工都視顧客為最高層的「老闆」。公司的高階主管，包括布雷克、艾瑞克和彼特（Pete Nordstrom），把一半的時間花在巡視分店，他們會實地到分店中走動，和顧客及銷售人員談話。他們對於諾斯壯各店瞭若指掌，因為初出茅廬的時候都曾在諾斯壯的倉庫工作過，也賣過鞋、管理過鞋類部門、擔任過採購人員、經營過分店，然後才升上去當地區經理。現在儘管已經在這家數十億美元身價的公司中位居要津，他們仍然經常注意有哪些地方需要改善。他們抱著謙虛的態度密切注意，仔細聆聽，以公司蒐集的資訊為基礎，帶著充分的自信和清楚的信念展開行動，致力於提升顧客滿意度，刻意讓顧客輕而易舉就可以接觸到他們，例如諾斯壯三兄弟都親自接聽電話、閱讀電子郵件，也親自回信。

由於顧客至上的觀念深植於諾斯壯的企業文化，諾斯壯兄弟形容整個組織是個倒過來的金字塔，顧客在最上層，高階主管在最下層。當你在公司內部升官的時候，你在公司裡的位階其實一直在往下降。諾斯壯的倒立金字塔底部沒有執行長的職位，布雷克是總裁，艾瑞克是商店部門總裁，彼特則是商品部門總裁。他們是一支密切合作的經營團隊，每個兄弟各自發揮所長，但擁有共同的願景，同心協力，合作無間。

關於諾斯壯卓越的顧客服務，我最喜歡的故事是有一位顧客想要買兩件白領藍襯

在諾斯壯，為顧客提供卓越的服務沒有任何特殊規定或祕訣。銷售員得運用自己的最佳判斷解決眼前出現的問題，並站在顧客的立場來做決定。

衫，男裝部門的店員幫他找了半天，發現店裡缺貨，而其他諾斯壯分店也沒有存貨。但這位店員沒有直接告訴顧客諾斯壯無法滿足他的需求，而是帶著兩件白襯衫和兩件藍襯衫去找店裡的裁縫，要求他把白襯衫和藍襯衫的領子對調，這樣一來就有兩件白領藍襯衫和兩件藍領白襯衫。然後他把藍襯衫拿給顧客，並且告訴他，如果他想買藍領白襯衫的話，店裡現在也有貨。

布雷克和艾瑞克表示，每一次服務顧客的經驗都好像另一次揮棒出擊的新機會，能夠為顧客提供美好的購物經驗，並且提升店員的名聲。即使這次的服務沒能創造銷售業績，投入的心血終究還是會得到回報。

正如你所見，要大放異彩可以有很多不同的方式，但都是從破除自我設限、願意發揮自己真正的潛能開始。換句話說，你願意超越最低的期望，承認必須為自己的行動和後果負全責。

人生不是一場彩排，你不會有第二次機會展現出自己最好的一面。

10

擁抱不確定的未來

三十歲、四十歲甚至五十歲時都應該懂的事

我現在有時候仍會不知該往哪裡走，
面對眾多選擇時覺得不知所措。
而如今我明白，
不確定正是激發創新的火種，
是驅動我們向前邁進的重要力量。

我必須坦白招認——我大可把前面幾章都命名為「容許自己」；我的意思是，你必須容許自己挑戰假設，容許自己以新眼睛看世界，容許自己實驗、失敗、計畫自己要走的路，以及測試自己能力的極限。事實上，我多麼希望當年才二十歲、甚至三十歲、四十歲的時候就懂得這些事，這也是我到了五十歲還需要一再提醒自己的事情。

要固守傳統思考方式、排斥其他可能的替代方案實在是太容易了。對大多數人而言，周遭有太多人鼓勵我們停留在預先規畫好的道路上，把顏色塗在框框裡，跟著過去遵循的方向繼續前進。不管對他們或對你而言，這樣做都安心多了，能強化原先所做的選擇，找到很容易如法炮製的配方，但是這樣做也可能產生很大的侷限。

拉丁美洲有個特別的名詞「拉扯外套的人」，專門用來形容有些人為了防止別人爬得比他們高，會設法把別人拉下來（拚命扯他的外套後襬）。其他國家也有「高罌粟花症候群」的說法，鶴立雞群的人往往備受批評奚落（就好像花園裡長得最高的花草會被修剪一樣），從眾和隨俗才是常態，跑太快的人就要冒著被旁人拉回的風險。更糟糕的是，在世界很多地方，與眾不同的人會被視為罪犯。比方說在巴西，用來描述企業家的傳統字眼「empresario」可以很鬆散廣義地翻譯成「小偷」。巴西歷史上並沒有很多成功企業家的典範，因此如果你成功打破正常模式，大家會假定你一定做了非法勾當。非營利組織「奮進會」的宗旨是致力於提升開發中國家的創業精神，因此這對他們來說是個大問題。他們在拉丁美洲設立組織的時候告訴當地人，他們想要激發創業精神，結果碰到很大的阻力。他們的因應之道是杜撰了一個新字「emprendedor」，以充分傳達創新和創業精神的真正本質。經過多年的努力後，「emprendedor」終於成為通用的辭彙。「奮進會」目前在埃及也碰到類似的挑戰，他們也打算創造一個代表「企業家」的新辭彙，繼續推廣新觀念。

開放式的創造性思考

我們在設計學院花了很多心力鼓勵學生打破傳統思維，大膽挑戰假設，發揮想像力。我們出的每一份作業都要求他們跨出舒適圈，重新投入周遭的世界。教授雖然提出挑戰，但我們手上並沒有答案。除此之外，設計學院裡的空間設計本身就像是邀請學生做各種實驗。所有的家具都裝上輪子，很容易四處移動，創造出不同的工作空間。每次學生來上課的時候，教室的空間都出現不同的配置，散置各處的紙箱、木頭、塑膠、迴紋針、橡皮筋、彩色筆、膠帶等物件在在邀請他們實現自己的創意，做出產品原型。教室裡到處有白板和各種顏色的便利貼紙，方便大家腦力激盪。牆上貼滿照片和過去學生的作品，激發學生的創造性思考。

我們給學生出的題目都是開放式的實際挑戰。比方說，我們要求他們思考如何改善在校園中騎單車的安全，或者設法吸引小孩子吃比較健康的食物。除了這些在地化的專題，設計學院還有一門課叫「絕對負擔得起的設計」，授課老師是帕帖爾（Jim Patell）和比奇（Dave Beach），他們和開發中國家的夥伴合作，找出當地面臨的問題，然後設計出符合成本效益的解決方案。這項合作計畫已經產生了好幾個很有意思的產品，即將推出上市。

比方說，有個小組設計了一個叫「擁抱」（Embrace）的新型嬰兒保溫箱，起因是他們造訪尼泊爾的醫院時，發現定價二萬美元的傳統西方嬰兒保溫箱不太適合當地的環境。許多保溫箱都已經破損不堪或需要修復，但當地沒有適當零件，護士也看不懂外文撰寫的操作說明和警告標籤。更重要的是，大多數嬰兒都是在偏僻的農村出生，但只有都市醫院才有嬰兒保溫箱，因此遠水救不了近火，需要靠保溫箱保暖的早產兒幾乎得不到幫助。

這個小組看出當地需要的是技術層次低的便宜保溫設備，於是他們在修課的幾個月期間設計了小小的睡袋，內附放入特殊蠟的保溫袋，這種蠟的熔點是攝氏三十七度，正好是要替新生兒保暖的溫度。只要花二十美元，而不是二萬美元，尼泊爾的父母或診所可以就地（或在搭車時）為早產兒提供更好的照顧。他們把蠟放入熱水中熔化，再放進睡袋中，就可以保暖好幾個小時，等到蠟冷卻了，很容易就可以再把它加熱變暖，使用者不需要受任何技術訓練，也無需仰賴電力。這種新型保溫設備非常便宜，即使沒有醫院的落後農村都負擔得起。

學生上完這堂課後都有很大的改變。他們現在明白，密切注意周遭世界發生的問題可以產生多大的力量，也知道自己有能力解決問題。正如同設計學院的創辦人凱利所說：「他們離開時，都帶著一種創造性的自信。」他們知道自己拿到了許可證，可以不斷實驗、失敗和再度嘗試。我們必須體認到，其實每一個人都早已拿到同樣的許可證：我們只需明白可以、也必須容許自己這樣做，而不是等待外力的驅動。

自己決定看待世界的方式

其實，我們看待這個世界的方式完全掌握在自己手中，而我是在一個出乎意料之外的情況下領悟到這點。多年前，我修了一門創意寫作課程，教授要求我們以兩種不同的方式描述同樣的場景，第一篇描繪剛墜入愛河的情侶眼中所見，第二篇則採取剛在戰爭中喪子的父母觀點，但是文中完全不能提到談戀愛的事，也不能提到戰爭。這個簡單的作業讓我們了解，當情緒狀態不同時，我們看到的世界是多麼不一樣。我先想像自己滿心歡喜地漫步在人潮洶湧的城市中，我看得很遠，非常注意周遭的顏色和聲音。然而當我心情變得沮喪時，儘管走在類似的場景中，周遭的一切都變得灰撲撲的，映入眼簾的盡是周遭的不完美，例如人行道上的裂縫。我一直低頭看著自己的腳尖，雖然置身於同樣的城市，周遭的一切如今不再令人雀躍，反而讓人懷憂喪志。我找出十幾年前為了交作業而寫的文章：

我們選擇了自己看待世界的方式。我們的周遭環境中有鮮花、也有裂痕，每個人自己決定要擁抱世界的哪一面。

琳達彎腰欣賞剛買的桃紅色玫瑰花。隔壁麵包店傳來陣陣誘人的香味，她的心思也隨之飄移，幻想著那些剛出爐的麵包。門口站著一個街頭雜耍藝人，鮮豔的戲服吸引了一大群小孩旁觀，每回他一失手，就引得孩子們咯咯大笑。她觀賞了幾分鐘，發現自己也跟著傻笑。結束表演時，街頭藝人誇張地對琳達一鞠躬，她也深深鞠躬回禮，並送他一朵玫瑰花。

◆

喬伊低頭默默走在路上，避開冰冷的霧氣，而寒風將路上的報紙吹起，啪拉啪啦地打在大廈牆壁上。「踩到裂縫，媽媽閃了背；踩在線上，媽媽斷了脊椎。」每當喬伊踩到破壞人行道規律圖案的裂縫時，腦子裡一直出現這些字眼。他專心走在凹凸不平的街道上，童年時期小孩子奚落同伴的歌謠一直在他腦子裡嗡嗡作響。

這份作業之所以寶貴，不只因為它磨練了我的寫作技巧，也深刻提醒我，我們選擇了自己看待世界的方式。我們的周遭環境中有鮮花、也有裂痕，每個人自己決定要擁抱世界的哪一面。

失敗是學習的必經過程

我曾和父親分享我在書中提到的幾個故事，當時他決定要花一點時間回顧自己八十三年的人生，思考他從人生中得到的重要領悟。雖然家父目前的生活很安逸，但他的人生道路並非一片坦途。他是在八歲大的時候移民到美國。他的家人在一九三〇年代逃離德國，抵達美國時可說是一無所有。我的父親當時一句英文都不會說，由於他的父母沒有錢養活兩個小孩，所以把他們送去親戚家住，但他完全沒辦法和親戚溝通，等到後來父母的收入足以養家活口後，才把他們接回家住。儘管出身貧寒，家父的一生卻過得多采多姿，在事業上有輝煌的表現，他退休前是一家大型跨國企業的執行副總裁兼營運長。

回顧一生，他最重要的領悟是：你不應該太認真對待自己，也不要太嚴苛地評斷別人。他但願過去能更包容自己和別人所犯的錯誤，而且明白失敗是學習的必經過程。他現在了解，我們犯下的錯誤多半不是什麼驚天動地的大錯誤，而他和我分享一個故事，告訴我他如何領悟到這點。

人生中大多數的事情，尤其是我們的失敗，
往往都沒有當時想像的那麼嚴重。

年輕時，他曾在「美國無線電公司」（RCA）上班，他的小組負責的專案碰到很大的困難，他和同事連續幾天通宵達旦地工作，試圖解決問題。連續幾個星期，他們滿腦子想的都是如何找到解決方案，結果順利完成專案後，公司卻取消了整個計畫。雖然這個專案當時幾乎是他們整個世界，在旁人眼中卻是隨時可以放棄的計畫。他從這類經驗學到的是，人生中大多數的事情，尤其是我們的失敗，往往都沒有當時想像的那麼嚴重。

父親也提醒我，成功的滋味雖然甜美，卻很短暫。當你位高權重時，會享受到很多好處，然而一旦不在其位，所有的優惠也立刻消失。你的權力來自於你的職位，當你不在其位時，和職位相關的一切也會快速褪去，因此不應該用目前的地位來定義自己。當你成為聚光燈的焦點時，固然可以享受備受矚目的滋味，但同時也要有心理準備，在應該退場的時候就要讓出舞台。你辭掉一份工作的時候，組織即使沒有你，仍會照常運作，你並非不可或缺。當然，你會將完成的工作成果留下來給公司，但這些成果也將隨時間而消逝。

今天，我的父親充分體會到活著的喜悅。幾年前他曾經心臟病發，體內安裝的植入式去顫器時時提醒他生命的脆弱。我們理智上知道活在世上的每一天都很寶貴，但要等到年紀漸長或面對足以致命的疾病時，這樣的感覺才會愈來愈明確。父親努力把握人生的每一次機會，對活著的每一刻心存感激，不浪費任何一天。

「不確定」激發出各種機會

在尋求寫書的靈感時，我打開家裡的每一個抽屜，也探索早已封存於記憶櫥櫃中的人生點滴。在這個過程中，我無意中看到保存了三十年的帆布袋，這個六十公分長的帆布袋裝著多年來在我心目中很重要的「寶藏」。我二十歲的時候，這個帆布袋是我擁有的少數財產之一，從大學時代到研究所，到後來無論搬到什麼地方，我都帶著這個帆布袋。雖然近年來很少打開帆布袋，但我總是知道哪裡可以找到它。帆布袋和裡面裝的東西連結了我的過去。

我打開帆布袋，發現裡面有我從遙遠的海邊撿回來的岩石和貝殼、高中和大學時代的褪色學生證、一疊舊信，以及我早期的「發明」，包括用雕塑土和手錶電池做的

人生原本就充滿各種不確定，由於不確定，才激發出各種機會。不確定正是激發創新的火種，是驅動我們向前邁進的重要力量。

LED珠寶。我還找到一本小小的筆記本，裡面是我寫的詩。

這些詩是我就讀研究所時創作的，在這些詩作中，我另眼看待當時在神經科學實驗室所做的井然有序的科學實驗。其中一首叫〈熵〉的詩突然映入眼簾。這首詩談的是不斷自我改造、改變戰略，即使不知道可能會發生什麼狀況仍然願意冒險。這首詩是在一九八三年九月寫的。當時我沒有辦法看清楚自己的未來，因此覺得前途茫茫，充滿不確定。二十五年後，我對當時的情況卻有截然不同的看法。人生原本就充滿各種不確定，由於不確定，才激發出各種機會。老實說，我現在有時候仍會不知該往哪裡走，面對眾多選擇時覺得不知所措。而如今我明白，不確定正是激發創新的火種，是驅動我們向前邁進的重要力量。

希望本書的故事能夠充分說明，只要能跨出你的舒適圈、願意失敗、能以健康的心態忽視所有的不可能、好好把握每個可以大放異彩的機會，就會帶來無窮的可能性。沒錯，這些行動會為你的生活帶來混亂、讓你失去平衡，但也會帶你到從來無法想像的地方，讓你能以新眼光看世界，把問題視為機會。最重要的是，你會因此愈來愈有自信，相信問題終究有辦法解決。

10 擁抱不確定的未來——三十歲、四十歲、甚至五十歲時都應該懂的事

二十五年前的詩作，讓我深深體會到當年二十來歲時茫然面對未來、不知何去何從的強烈焦慮感。我希望當時曾經有人告訴我，應該欣然接受這種不確定。正如本書的諸多故事所顯示，許多最有趣的經驗，往往發生在你偏離既定道路、或挑戰傳統假設、或容許自己看到周遭世界的豐富機會和無窮可能性的時候！

國家圖書館出版品預行編目資料

眞希望我20歲就懂的事 / 婷娜．希莉格（Tina Seelig）
著；齊若蘭譯. -- 初版. -- 臺北市：遠流, 2009.09
面；公分. --（實戰智慧館；H1362）
譯自：What I Wish I Knew When I Was 20: A Crash Course
on Making Your Place in the World
ISBN 978-957-32-6517-7（平裝）

1. 生涯教育　　2.創意

528.4　　98014416